Winfried Nouč
Tibet Terrier

Winfried Nouč

Tibet Terrier

Praktische Ratschläge
für Haltung, Pflege und Erziehung

Mit 50 Abbildungen, davon 40 farbig

Parey Buchverlag Berlin 2001

Parey Buchverlag im
Blackwell Wissenschafts-Verlag GmbH
Kurfürstendamm 57, 10707 Berlin
Firmiangasse 7, 1130 Wien

Blackwell Science Ltd
Osney Mead, Oxford, OX2 0EL, UK
25 John Street, London WC1N 2BL, UK
23 Ainslie Place, Edinburgh EH3 6AJ, UK

Munksgaard International Publishers Ltd
35 Nørre Søgade
1016 Kopenhagen K, Dänemark

Blackwell Science, Inc.
Commerce Place, 350 Main Street
Malden, Massachusetts 02148 5018, USA

Blackwell Science KK
MG Kodemmacho Building, 3F
7-10, Kodemmacho Nihonbashi,
Chuo-ku, Tokio 103-0001, Japan

Blackwell Science Asia Pty Ltd
54 University Street,
Carlton, Victoria 3053, Australien

Anschrift des Autors:
Dipl.-Ing. OStR Winfried Nouč
Buchenhof
Wilhelmstr. 29–31
52159 Roetgen

Gewährleistungsvermerk
In Anbetracht des ständigen Wissenszuwachses sowie der rasch voranschreitenden technischen Anforderungen und Entwicklungen haben sich der/die Verfasser/in dieses Buches intensiv bemüht, dem aktuellen Wissensstand Rechnung zu tragen. Insbesondere wurde das Werk in Einklang mit den geltenden Gesetzen, Verordnungen und Richtlinien verfaßt. Dennoch können weder der/die Verfasser/in noch der Verlag eine Garantie für die in diesem Werk enthaltenen Angaben übernehmen. Dem Leser wird daher dringend empfohlen, einschlägige Veröffentlichungen zu verfolgen und weitergehende Entwicklungen ergänzend in Betracht zu ziehen.

Das Kapitel „Gesundheit“ wurde von Dr. med. vet. Peter Brehm verfaßt, das Kapitel „Ernährung“ von Dipl. vet. med. Lutz Salomon.

Die Deutsche Bibliothek - CIP-Einheitsaufnahme

Tibet-Terrier : praktische Ratschläge für Haltung, Pflege und Erziehung / Winfried Nouč. [Das Kap. „Gesundheit“ wurde von Peter Brehm verf., das Kap. „Ernährung“ von Lutz Salomon]. – Berlin : Parey, 2001
(Der besondere Hund)
ISBN 3-8263-8520-9

e-mail: parey@blackwis.de
Internet: http://www.blackwell.de

Satz und Repro: Type Design GmbH, Berlin
Druck und Bindung: Grafos S. A.,
Arte sobre papel, Barcelona

ISBN 3-8263-8520-9 • Printed in Spain

Gedruckt auf chlorfrei gebleichtem Papier

Vorwort

Unter der Vielfalt der Hunderassen erscheint der Tibet Terrier schon von seiner äußeren, exotischen Erscheinung her als eine besonders aparte Rasse. Ein Tibet Terrier ist angenehm zu halten, ausgesprochen kinderlieb und in seinem Wesen stets freundlich und aufgeschlossen. In den Augen dieses Hundes findet man weder Falschheit noch Argwohn. Wer ihn kennt und versteht, findet in ihm den besten Freund der Welt. Jedes Wedeln seiner gebogenen Rute entlockt dem Besitzer ein Lächeln.

Seit im Jahre 1978 mein erstes Buch unter dem Titel „Tibetische Hunderassen" erschienen ist, sind über 20 Jahre vergangen, in denen vor allem die Zahl der Tibet-Terrier-Freunde stark angewachsen ist. Das hat den Parey Buchverlag im Blackwell Wissenschafts-Verlag bewogen, mit der Bitte an mich heranzutreten, eine Monographie über diese Hunderasse zu verfassen. Wohl weiß ich, daß es hierzu mittlerweile einige Bücher gibt, die – jedes auf seine Art – dem besseren Verständnis des Tibet Terriers dienen. Dennoch erschien es dem Verlag und mir auch notwendig, eine weitere Beschreibung hinzuzufügen, in die ich meine über 30jährige Erfahrung mit dieser Hunderasse einfließen lassen und an den kynologischen Laien weitergeben kann. Zweck des Buches ist es daher, vor allem dem Neuling unter den Hundeliebhabern einen Leitfaden in die Hand zu geben, der ihn lehrt, das Zusammenleben von Mensch und Hund in einer Wohngemeinschaft zu beiderseitigem Wohlbefinden zu gestalten.

Eine Reihe von Bildern mögen, zusammen mit dem Standard, der durch seine ausführlichen Erläuterungen auch für den bereits erfahrenen Tibet-Terrier-Besitzer und -Züchter noch eine wertvolle Ergänzung zu seinem bisherigen Wissen vermitteln soll, dazu beitragen, diese liebenswerten Hunde einem breiteren Publikum näher zu bringen; der Tierfreund soll in seiner Entscheidung bei Auswahl und Kauf eines Welpen so unterstützt werden. Das Erscheinungsbild des Tibet Terriers läßt sich m. E. nur dann vollständig erfassen, wenn wir Herkunft und Geschichte dieses Hundes in unsere Betrachtungen miteinbeziehen. Diesem Zweck dienen die drei einleitenden Kapitel.

Zwei gesonderte Kapitel sind der Ernährung sowie der Gesundheit dieser Rasse gewidmet.

Winfried Nouč
Roetgen, Buchenhof
im Herbst 2000

Inhalt

Herkunft – Tibet und seine Hunde

Die genaue Rassengeschichte der Haushunde kennen wir nur seit etwa Mitte des 19. Jahrhunderts. Zu dieser Zeit begann in England die Entwicklung des Hundesports. Hunde hat es natürlich schon lange vor dieser Zeit in großer Rassenvielfalt gegeben. Es bleibt dem Leser, der dem besonderen Reiz dieser Vorgeschichte sicher nicht widerstehen kann, überlassen, sich aus überlieferten Schriften und Bildern oder aus den Bruchstücken der Skulpturen alter Tempel und Bauwerke den Ursprung und die Entwicklung seiner Rasse mosaikartig zu verdeutlichen.

Das zentralasiatische Tibet ist das größte Hochland der Erde. Das abgeschiedene, in 4 000 bis 5 000 m Höhe gelegene Land ist westlichen Beobachtern weitgehend unbekannt. Es ist von zahlreichen Gebirgsketten durchzogen, hat ein kontinentales, hocharides Klima und ist vom Kunlun-Gebirge im Norden und vom Himalaja im Süden begrenzt. Seine Bewohner sind Mongoliden, die schon früh von Osten her in das Hochland von Tibet eingewandert sind und von Persien, Indien und China kulturell beeinflußt wurden. Die Entwicklungsgeschichte der Hunderassen Tibets liegt im dunkeln. Es ist anzunehmen, daß die aus Tibet stammenden Hirtenhunde mit den mongolischen Hirtenhunden verwandt sind, die wiederum den sibirischen Schlittenhunden nahestehen, und deren Verbreitung sich über Zentralasien, von der Mandschurei im Osten bis zu den Rändern Osteuropas und Kleinasiens im Westen erstreckt. Kynologische Forschungen und Untersuchungen scheinen das zu bestätigen.

Von vielen Autoren werden die tibetischen Hunde für die ursprünglichsten und wandlungsfähigsten Hundetypen überhaupt gehalten. Es gibt eine Reihe von Abstammungstheorien, nach denen z. B. die doggenartigen Hunde, viele europäische und asiatische Hirtenhunde, aber auch eine Reihe von Kleinhunden (wie der Malteser, der Toy Spaniel, der Japan-Chin u. a.) Nachkommen jener Hunde aus dem Hochland Tibets sind, die mit den Handelskarawanen oder in Begleitung großer Heerscharen in die westliche Welt gelangten. Bereits seit dem 2. Jahrhundert v. Chr. gab es Handelsrouten der Völker des Mittelmeerraumes, die über Tibet, Nordchina und die Mandschurei bis in den Fernen Osten führten. Über die alten, von den Karawanen benutzten „Seidenstraßen“ gelangten „serische Stoffe“ (Seidenstoffe) von China über Innerasien in das Römische Reich oder über die Pässe des Himalaja bis Indien und von dort auf dem Seeweg in den Mittelmeerraum. Dieser Handel erfuhr vor allem in der letzten Hälfte des 1. Jahrhunderts v. Chr. einen enormen Aufschwung, so daß sich Schriftsteller wie Vergil und Horaz (30 v. Chr.) über diese serischen Stoffe beklagten, die als ausländische Luxusartikel ungeheure Kosten verursachten.

Aus Tibet lassen sich Aufzeichnungen erst nach etwa 630 n. Chr. feststellen, als die tibetische Schrift erfunden war. In dieser Zeit beginnt auch die politische Geschichte Tibets mit dem „Gesetzeskönig“ Srong-Tsan-Gambo (627 bis 650 n. Chr.), der den Buddhismus unter dem Einfluß seiner ersten Frau, einer nepalesischen Prinzessin, als Staatsreligion übernahm und ein tibetisches Großreich gründete. Im Laufe der Zeit entwickelte sich der Lamaismus als eine Mischung aus tiefsinniger buddhistischer Philosophie, prunkvollem Kultus und einem aus der einheimischen „Bon“-Lehre übernommenen Dämonen- und Geisterglauben. Unter dem Einfluß dieser Religion wandelte sich das Staatswesen allmählich zu einer Priesterhierarchie. Sie erfuhr ihre volle Ausprägung im 13. Jahrhundert und hielt sich in dieser Form ohne wesentliche Änderungen bis an die Schwelle der 50er Jahre des 20. Jahrhunderts. Die politische Herrschaftsordnung hatte ihre weltliche Spitze im Dalai-Lama, die geistliche im Pantschen-Lama. Der im Potala-Palast in Lhasa residierende Dalai-Lama (= Priester des Ozeans) galt als die Reinkarnation des Bodhisattwa Avalokitishvara, des Schutzpatrons von Tibet. Der Pantschen-Lama, das eigentliche geistliche Oberhaupt (Reinkarnation des Buddha Amitabha), hatte seinen Sitz im Kloster Tashi-Lumpo in Shigatse.

Im 13. Jahrhundert gelang es den Lamas, die Mongolen zu missionieren, deren Oberhaupt, Kubilai Khan, über Tibet hinweg ganz China eroberte und dort die Yüan-Dynastie begründete. Kunst und Wissenschaft gelangten in dieser Zeit in China zu höchster Blüte. Auch Tibet stand damals ganz unter chinesischem kulturellem Einfluß. Aus den Reiseberichten Marco Polos, der die Gunst des Großkhans gewann, erfahren wir zum ersten Male von den „kleinen, goldfarbenen flinken Hunden, die dort gewöhnlich von den Leuten in ihren Häusern gezüchtet werden“. Marco Polo vergleicht sie mit den Löwen, die in der Menagerie des Khans gehalten werden. Im 18. Jahrhundert schließlich gelangte Tibet auch politisch immer mehr in chinesische Abhängigkeit. In seinem Bestreben nach Autonomie wurde Tibet seit dieser Zeit immer wieder gezwungen, die Herrschaft der chinesischen Dynastien anzuerkennen. Zu den Tributzahlungen und zu den Huldigungsgeschenken, die von den jeweiligen Regenten und Dalai-Lamas den chinesischen Kaisern dargebracht wurden, zählten auch die kleinen kostbaren Hunde, die an den chinesischen Höfen hochgeschätzt waren. Wie E. E. Koch in seinem Buch „Auf dem Dach der Welt" berichtet, sind bereits Chroniken aus der Zeit der chinesischen Tang-Dynastie überliefert, in denen es heißt: „Schworen die Fürsten des Schneelandes einen Lehnseid, so wurden dazu Schafe, Hunde und Affen geopfert, aber ebenso Menschen, Pferde, Yaks und Esel unter Anrufungen den Göttern dargebracht." Mit dem Überreichen von Geschenken vereinigte sich der Wunsch nach Frieden, und so lag es nahe, daß diese kleinen Hunde auch als „Friedensbringer" oder im weiteren Sinne als „Glücksbringer" bezeichnet wurden. Auch in der Folgezeit war es üblich, kostbare Hunde, versehen mit dem Segen des Dalai-Lama, dem Mandschukaiser zu überreichen.

In der Literatur wird bei der Beschreibung hin und wieder von „heiligen" Hunden gesprochen, denen in ihrer Heimat religiöse Verehrung zuteil wurde. Hierzu gibt es in der buddhistischen Religion keinerlei Hinweise. Die Grundlage ist vielmehr die Reinkarnationslehre, das ist die Vorstellung vom leidvollen Zwang eines unaufhörlichen Wiedergeborenwerdens in immer neuen Existenzen. Dieses Schicksal der späteren Geburt (qualitatives Bestimmtsein) läßt sich durch Karman, d. h. durch die im Leben vollbrachten Taten, beeinflussen. Das Heilsziel dieser Lehre und damit das Ende allen Leidens ist schließlich das Nirwana. Die buddhistische Ethik steht ganz im Zeichen dieser Selbsterlösung. Eine der grundlegenden Voraussetzungen ist eine absolute, vollständige Hochachtung vor jeglicher Form des menschlichen und tierischen Lebens (ahimsa), da jedes Lebewesen eine Seele (jiva) besitzt. Die Vorschrift der Ahimsa verbot das Töten aller als beseelt gedachten Lebewesen; sie schloß darin auch den Handel mit jeder Art Waren von tierischer Herkunft ein. So ist es verständlich, daß auch Hunde in Tibet nicht als Handelsware betrachtet wurden, sondern nur als Geschenke ihren Besitzer wechselten. Wie Sven Hedin in seinem Buch „Meine Hunde in Tibet" berichtet, bemühten sich Fremde häufig vergeblich um solch ein Geschenk.

Aus den Klöstern, die sich in den Oasen und Handelsstädten entlang der Seidenstraße im Gebiet des Tarimbeckens gebildet hatten, brachten die Führer der Karawanen häufig diese kleinen Kostbarkeiten mit, die ihnen von den Klosterlamas als Talisman überlassen worden waren. Am Ziel ihrer Karawanen angekommen, wurden diese Hunde dann allerdings nicht selten gegen Höchstgebot verkauft.

„Über den ganzen Himalaya hinweg, vom Hindukusch bis zum Mount Everest und Daarjeeling“, so schreibt Mr. Medley, Sekretär des Indian Kennel Club und Herausgeber der Indian Kennel Gazette, in den 20er Jahren des 20. Jahrhunderts, „lassen sich etwa elf unterschiedliche, dort beheimatete Hunderassen nachweisen. Die Skala erstreckt sich von den mächtigen Wachhunden (Tibetan Bhooteahs) und Begleithunden der Herden (Gaddi Dogs) sowie Jagdhunden (Sha Kyi oder Congkyi) bis hin zu den Kleinhunden, eingeschlossen hier die Lhasa Terrier und Tibet Spaniel.“ Von diesen Hunden sind in der westlichen Welt allerdings nur der Tibet Mastiff, der Tibet Terrier, der Lhasa Apso sowie der Tibet Spaniel bekannt und zu Anfang des 20. Jahrhunderts standardmäßig erfaßt worden.

Dieses Gruppenbild zeigt drei der Hunderassen. Von links nach rechts: Tibet Spaniel, Tibet Terrier, Lhasa Apso

Eine vierte Rasse ist der Tibet Mastiff – hier noch als Jungtier zusammen mit einem Tibet Terrier

In einer Kurzfassung, die dem Buch „Lhasa“ (1905) von Landon zu entnehmen ist, heißt es hierzu: „Wenn auch die Tibeter wenig Sorgfalt auf die Zucht ihrer Hunde verwenden, so erfreuen sich diese Tiere doch einer hohen Wertschätzung. Allerdings lassen sich neben diesen wildgezüchteten Bastarden auch vier gut zu beschreibende Typen erkennen. Da ist zunächst, wohl der prächtigste von allen, der sogenannte Tibet Mastiff. Ein großer Hund mit einem massiven Kopf. Die Farbe ist gewöhnlich black and tan, und er besitzt ein dichtes, rauhhaariges Fell. Es gibt kein bedeutendes Kloster im Süden Tibets, das nicht zumindest ein Pärchen dieser scharfen, unbestechlichen Hunde hält, zumeist angeleint zu beiden Seiten der Eingangspforte und jedem Fremden den Zugang verwehrend. Eine andere, sich klar abzeichnende Art ist der Tibet Spaniel. Er ist ein kleiner, schwarzer Hund – manchmal auch schwarz-weiß –, der in etwa dem Pekingese Spaniel gleicht.

Von den Adeligen des Landes werden überdies kleine chinesische Schoßhunde der unterschiedlichsten Art, die von den Kaufleuten aus Peking mitgebracht werden, sehr geschätzt. Desweiteren kann der Lhasa Terrier als eine unvermischte, sich klar von anderen Hunden abzeichnende Rasse angesehen werden. Er ist zu vergleichen mit einem hängeohrigen Skye-Terrier, doch trägt er eine dicht befederte Rute, straff anliegend über dem Rücken. Anzutreffen sind diese Hunde hauptsächlich in Lhasa und den umliegenden Klöstern. Viele dieser Tiere waren sehr hochbeinig, und so hatte ich viel Mühe, um ein wirklich gutes Exemplar zu erwerben.“

Lhasa Terrier – Tibet Terrier – Tibet Apso?

Festzustellen ist, daß ab Ende des 19. Jahrhunderts Kleinhunde aus Tibet nach England gebracht worden sind. Es waren zumeist Hunde des gleichen Typs, die in ihrer neuen Heimat in Verbindung mit dem Namen ihres Herkunftgebietes als Lhasa Terrier, Bhutan Terrier, Kashmir Terrier, später auch als Tibet Terrier benannt worden sind. Unter diesen Namen haben sie auch Eingang gefunden in die damalige kynologische Literatur, so in „British Dogs“ (1903) von Drury u. a. und in „Our Dogs“ (1904) von H. Bylandt. Nach und nach kristallisierte sich die Bezeichnung „Lhasa Terrier“ immer mehr heraus, und zwar für beide Typen, den kleineren und den etwas hochbeinigeren. Als Sir Lionel Jacob 1901 im Auftrage des Kennel Club alle Punkte zusammentrug, die zur Anerkennung einer selbständigen Rasse notwendig waren, beschrieb er nur einen Schlag, den damals Lhasa Terrier genannten Hund. Noch 1929 nannte der Herausgeber der Indian Kennel Gazette nur den Lhasa Terrier, den er als viel kleiner als den Skye Terrier beschrieb – er meinte wohl den Apso kleinen Schlages.

Unter den besonderen Kennern der tibetischen Hunde ist in jenen frühen Jahren des 20. Jahrhunderts der Engländer Reverend H. W. Bush zu nennen. Seinen Aufzeichnungen ist folgendes zu entnehmen: „Außer dem Lhasa Terrier, wie er inzwischen allen englischen Ausstellungsbesuchern zu einem Begriff geworden ist, gibt es noch eine etwas größere Art, die dem Lhasa Terrier in seinem äußeren Erscheinungsbild und im Charakter ähnlich ist. Auch diese Hunde werden von den Tibetern sehr hoch geschätzt und nur in den Häusern der Reichen des Landes gehalten. Vom Lhasa Terrier unterscheidet sich diese Art hauptsächlich in Farbe und Größe: Bei allen Exemplaren, die wir gesehen haben, bestand das Fell über dem Körper aus einem Gemisch von kastanienbraunen und grauen Haaren, während Pfoten, Fang und Brust ein helleres Lohfarben aufwiesen. Ihre Größe liegt etwa zwischen $13^1/_2$ bis 14 inch (1 inch = 2,54 cm), Körper von erträglicher (guter) Länge (nicht ganz quadratisch), gerade auf den Läufen, starkknochig, doch im Gangwerk etwas gestelzt wirkend. Das Gewicht eines durchschnittlichen Exemplars bewegt sich zwischen 20 bis 25 lbs (1 lbs = 453,4 g). Zusammenfassend läßt sich sagen, daß diese Hunde etwa 3 bis 4 inch mehr Schulterhöhe haben als der Lhasa Terrier und auch im Gewicht dementsprechend schwerer sind. Es scheint sich hierbei doch offensichtlich um eine eigenständige Rasse zu handeln, wobei es nahe liegt, sie als den größeren Lhasa Terrier zu bezeichnen."

A. R. H. Greig („Our Dogs", 1930), von der noch später die Rede sein wird, unterschied die zwei Schläge ebenfalls scharf. Sie ging davon aus, daß der sogenannte Tibetan Terrier der ursprünglichere Hund sei. Ob, wie sie behauptete, der Lhasa Apso eine Mischrasse, die mit Hilfe des Tibet Spaniels geschaffen wurde, ist, wird sich schwer feststellen lassen. Der Tibet Spaniel kam ihrer Meinung nach in Darjeeling (Nordindien) und in einem angrenzenden kleinen Teil Tibets vor, wo auch der Lhasa Apso auftrat, während der Tibet Terrier in Zentraltibet beheimatet war. Im gleichen Jahr schrieb auch Garson, Sekretär des Bengal und Assam Clubs, der Tibetaner Terrier sei dem Lhasa Terrier äußerst ähnlich, aber größer. Dieser sei ein Zwerg. In den Knochen sei der Tibetan Terrier so stark oder sogar etwas stärker als ein Schottischer Terrier, sehe aber infolge seines sehr dicken und langen Haares viel massiger aus. Er habe Hängeohren und, wenn er sie spitzte, einen richtigen Terrierausdruck. Seine Läufe seien verhältnismäßig lang, der Rumpf erscheine kürzer. Die mit Wahrscheinlichkeit erste offizielle Umbenennung des „größeren Lhasa Terriers" in „Tibet Terrier" erfolgte im Jahr 1930, als unter diesem Namen in der Indian Kennel Gazette eine Beschreibung dieser „neuen Hunderasse" erschien. Die Einordnung dieser beiden Rassen in die große Familie der Terrier ist offensichtlich dem damaligen Wissensstand der Kynologen zuzuschreiben und reicht wohl bis in eine Zeit zurück, in der Hunde mehr oder weniger nach ihrer Größe sortiert worden sind. So galten große Hunde schlicht als Wach- und Schutzhunde, die von etwas leichterer und kleinerer Art wurden als Jagdhunde klassifiziert und alle kleinen Hunde den Terriern zugerechnet. Für Reisende, die in jenen frühen Tagen Tibet erkundeten und dabei Bekanntschaft mit diesen kleinen Hunden gemacht haben, stand es daher außer Frage, daß es sich hierbei um Terrier handeln mußte. Heute ist man mit den Eigenschaften dieser Hunde vertraut, denn es handelt sich nicht um Terrier in der ursprünglichen Bedeutung der Erdhunde, mit dem zeitweise hitzigen Temperament und der leichten Streitbereitschaft mit anderen Hunden, sondern vielmehr um Variationen eines Hirtenhundes.

Im Jahre 1928 kehrten die Baileys nach England zurück. Colonel F. M. Bailey war viele Jahre als Vertreter der englischen Krone in Tibet, Bhutan und Sikkim tätig und hat sich zudem als großer Naturfreund durch die Erkundung der Fauna und Flora des tibetischen Hochlandes besondere Verdienste erworben. Er und seine

Frau, Mrs. Irma Bailey, haben außer einer Gruppe von Tibet Mastiffs auch eine Anzahl von Lhasa Terriern nach England mitgebracht. Es waren Hunde der kleineren Art, wie sie in den Klöstern in und um Lhasa, der Hauptstadt Tibets und zur damaligen Zeit Sitz des Dalei-Lamas, gezüchtet wurden. Von den Tibetern selbst wurden diese Hunde in zärtlicher Zuneigung als „Seng Tru“ (kleiner Löwe) oder „Apso Seng-Kyi“ bezeichnet. Das Wort „Apso“ verbindet der Tibeter mit der Vorstellung von etwas, das „gänzlich mit Haaren bedeckt“ ist, wobei sich dieses Wort möglicherweise von „Rapso“, der langhaarigen Tibetziege, ableitet.

Dem Einfluß der Baileys ist es zu verdanken, wenn in den 30er Jahren des 20. Jahrhunderts zumindest bei der kleineren Ausgabe des Lhasa Terriers eine Namenskorrektur in „Lhasa Apso“ erfolgte, die im weitesten Sinne der Herkunft dieser Hunde und deren äußerer Erscheinung entsprach. Die Trennung dieser Hunde in zwei Schläge war in Tibet selbst sicherlich nicht allzu scharf. Wohl wurden besonders ausgesuchte Exemplare in den Klöstern und bei reichen und vornehmen Tibetern bevorzugt

Hündin „E-sia-Tschika“ – unbeschwert auf dem Lande im ursprünglichen Exterieur

gehalten und gezüchtet; aber auf dem Land, in den mehr oder weniger primitiven Behausungen der Bewohner oder in den Zeltlagern der Nomaden, kümmerten sich die Bewohner wenig oder gar nicht um eine Reinzucht. Hier traf man häufig auf apsoähnliche Hunde, die in Größe und Haarfarbe recht unterschiedlich waren.

Der englische Kennel Club hat hier sehr bald die weiteren Initiativen ergriffen und bereits zu Beginn des Jahres 1931 mit der Auflegung eines Registers für die zuchtbuchmäßigen Aufzeichnungen die Grundlagen für die Reinzucht dieser Hunderassen gelegt. Im Auftrage des Kennel Club wurde im Jahre 1934 von der Tibetan Breed Association mit der Erstellung der Standards eine scharfe Trennung der Rassen vollzogen, die fortan als Tibet Terrier und Lhasa Apso geführt werden. Bestrebungen, den Tibet Terrier in Tibet Apso umzubenennen und ihm damit einen Namen zu geben, der ihm, dem „Nicht-Terrier“, gerechter würde, sind bisher immer wieder an der konservativen Einstellung des Kennel Club gescheitert.

Champion „Rangi“ – wohlbehütet und unter Pflege entwickelt sich das Haarkleid zu beachtlicher Länge

Der Tibet Terrier in England und Deutschland

Die Zwinger „Ladkok", „Lamleh" und „Luneville" in England

Nichts, was im Zusammenhang mit dem Tibet Terrier steht, sollte geschrieben werden, ohne ehrfürchtig auf den Namen von A. R. H. Greig aus Roydan, Essex, England, zu verweisen. Ihr Name steht als Synonym für das Wissen über den Tibet Terrier. A. R. H. Greig versah in den 20er Jahren des vorigen Jahrhunderts ihren Dienst als Mitglied des „Medizinischen Dienstes in Indien". Als Oberärztin operierte sie dort im Jahre 1922 die Frau eines wohlhabenden Tibeters, der ihr aus Dankbarkeit für die gelungene Operation einen Tibet Terrier-Welpen schenkte, weiblichen Geschlechts und „Bunti" genannt. A. R. H. Greig war entzückt über diese neue Errungenschaft, denn sie hatte von früher Jugend an Umgang mit Hunden gehabt. Ihre Mutter in England züchtete Cocker Spaniel unter dem Zwingernamen „of Ladkok". Sie selbst besaß auch in Indien Hunde (Pekinesen) und zeigte diese auf Hundeausstellungen. Darüber hinaus züchtete sie Pferde. Was lag also näher, als den Wunsch zu haben, die heranwachsende „Bunti" auch einmal im Show-Ring vorzuführen. Aus diesem Grunde setzte sie sich mit dem Sekretär des Indian Kennel Club, Mr. Medley, in Verbindung, um die Hündin als Lhasa Terrier registrieren zu lassen. Doch welche Enttäuschung mußte sie erfahren, als alle Zuchtrichter, die den Hund zu beurteilen hatten, der übereinstimmenden Meinung waren, daß „Bunti" nicht als Lhasa Terrier (so wurde der Lhasa Apso zu jener Zeit benannt) zu identifizieren sei. Den gestrengen Herren war die Hündin vom Typ her offensichtlich nicht bekannt.

Es spricht sicherlich für die züchterischen Ambitionen von A. R. H. Greig, daß sie sich mit diesem Urteil nicht zufriedengeben und den Dingen auf den Grund gehen wollte. Freunde stellten den Rüden „Rajah" zur Verfügung, der wohl von seinem Äußeren (Phänotyp) der Hündin „Bunti" entsprochen haben muß, und wie diese aus dem Inneren Tibets kam. Aus dem Wurf wurde der Rüde „Ja-Haz" dazu ausersehen, mit seiner Mutter verpaart zu werden. Drei Generationen waren es schließlich, mit denen A. R. H. Greig auf der Delhi Show erschien, um sich einem Richtergremium zu einer erneuten Beurteilung zu stellen. Das Ergebnis:

Es waren rein gezüchtete Hunde, allerdings keine Lhasa Terrier, wie bisher angenommen und beim Indian Kennel Club registriert, sondern „Tibet Terrier“. Der indische Kennel Club war bereit, eine entsprechende Umschreibung im Register vorzunehmen. Doch noch bevor dieser formelle Akt vollzogen war, quittierte A. R. H. Greig ihren Dienst bei dem „Women's Medical Service of India“ und kehrte im Jahre 1930 nach England zurück. Da sie weiterhin dem Hundesport verbunden blieb und ihre Tiere auf Zuchtschauen des englischen Kennel Club zeigen wollte, benötigte sie entsprechende Registerpapiere. Es war natürlich nicht in ihrem Sinne, ihre Hunde unter der bisherigen Eintragung als Lhasa Terrier zu melden. Deshalb bat sie den Indian Kennel Club, dem englischen Dachverband ihre Hunde unter dem berichtigten Rassenamen Tibet Terrier zu melden. Von offizieller Seite wurde ihr schließlich in England bestätigt, daß die von ihr importierten Hunde Tibet Terrier waren. Von dieser Registrierung wurde Anfang 1931 in der Gazette des Kennel Club berichtet.

A. R. H. Greig hat 12 Jahre in Indien gelebt und den Kontakt zu ihren Hundefreunden stets aufrechterhalten. Von diesen erhielt sie auch in den folgenden Jahren hin und wieder Hunde, die aus dem Tibet kamen, während sie selbst, gewissermaßen im Gegenzug, ihre Zuchtprodukte, die sie mittlerweile in England unter dem Zwingernamen „Lamleh“ züchtete, nach Indien exportierte. Die Kunde von der Rückkehr der jungen Ärztin aus Indien, zu deren Mitbringseln auch jene kleinen, zotthaarigen Hunde gehörten, hat das Interesse vieler Hundeliebhaber und damit die Nachfrage nach diesen Hunden beflügelt. Aus den Zwingern „Lamleh“ und „Ladkok“ wurden daher bereits vor dem 2. Weltkrieg Tibet Terrier zum Kontinent exportiert, u. a. auch nach Deutschland zu Erika Bruns, die den Zwinger „von Tiergartenbrück“ betrieb. Der Name „Ladkok“ ist in Hundekreisen nicht weniger bekannt geworden als der spätere Lamleh-Kennel. Herausragende Tibet Terrier aus den Anfängen der Zucht sind beim Kennel Club mit dem Zusatz „of Ladkok“ eingetragen. Den Krieg überstand A. R. H. Greig mit ihren Hunden, wenn auch mit großer Not. Sie und ihre Mutter hielten Kaninchen, um die kargen Futterrationen ihrer Hunde ergänzen zu können. Vor allem aber fehlten die notwendigen Impfstoffe zur Bekämpfung der zu dieser Zeit grassierenden Hundestaupe (Distemper). Betroffen von dieser Seuche waren insbesondere die Hunde ihrer Mutter. Sie verlor ihren gesamten Bestand an Lhasa Apsos und Tibet Spaniel, während die Tibet Terrier überlebten. Nach dem Krieg setzte A. R. H. Greig ihre Zucht, ergänzt durch neue Importe, fort. Da sie, wie berichtet wird, ihren englischen Landsleuten nicht sonderlich vertraute, verkaufte sie ihre Tibets „in alle Welt", in England war es nicht möglich, von ihr einen Tibet Terrier zu erwerben. So wollte sie scheinbar die alleinige Kontrolle in England über diese Hunde behalten.

Wir schreiben das Jahr 1953. Auf den Docks in Liverpool wurde ein kleiner Hund aufgegriffen, von dem niemand wußte, ob er von einem der dort anliegenden Schiffe stammte oder vielleicht ausgesetzt worden war, da sein Besitzer die hohen Quarantänekosten nicht hatte bezahlen wollen. Schließlich nahm ihn John Downey, der dort als Polizist seinen Dienst verrichtete, mit zu sich nach Hause. John und Constance Downey betrieben im Norden Englands unter dem Zwingernamen „Luneville" bereits eine erfolgreiche Pointerzucht und hatten bei Hundeexperten einen guten Namen. „Dusty", so wurde der kleine Findling genannt, war ein hübscher, langhaariger Hund von sehr verträglichem Wesen. Freunde empfahlen den Downeys, doch einmal das Urteil eines Richtergremiums einzuholen, da sie in „Dusty" einen Tibet Terrier vermuteten. Tatsächlich wurde „Dusty", der Hund unbekannter Herkunft, als Tibet Terrier identifiziert. Der englische Kennel Club war bereit, ihn unter dieser Rassebezeichnung in das Kennel-Register zu übernehmen. Eingetragen wurde er unter dem Namen „Trojan Kynos" (Trojanischer Hund). Die Downeys kauften außerdem eine goldfarbene Hündin, „Princess Aureus". Der Vater dieser Hündin war „Pa Sang of Lamleh" aus der Zucht von A. R. H. Greig, ihre Mutter von unbekannter Herkunft, registriert unter dem Namen „Princess Chan". „Trojan Kynos" und „Princess Aureus" wurden so zum Gründungspaar der Tibet-Terrier-Zucht im Zwinger „Luneville".

In der Folgezeit waren es vor allem die Luneville-Hunde, die auf großen Siegerschauen den Lamleh-Hunden den Rang abliefen. In der Gunst des Publikums, vor allem aber unter den Züchtern, gewannen die Luneville-Hunde mehr und mehr an Ansehen. Sie erschienen handlicher und waren körperlich und haarmäßig schneller ausgereift als die sich langsamer entwickelnden Lamleh-Hunde. Diese benötigten in der Regel 2 bis 3 Jahre, um in die volle Entfaltung ihres Haarkleides zu kommen. Auch sind deren Läufigkeitsintervalle größer als die der Luneville-Linie. Rein äußerlich kam hinzu, daß die Downeys ihre Hunde in äußerst gepflegtem Zustand präsentieren, mit langen, glatten, gescheitelten Haaren. A. R. H. Greig dagegen lehnte es grundsätzlich ab, ihre Hunde für die Schau herzurichten. Sie wollte sie so belassen, wie sie von Natur aus beschaffen waren.

Wie zu erwarten – und in Hundekreisen durchaus nicht unüblich – entwickelt sich eine bittere Rivalität zwischen den beiden führenden Züchtern. Etwas später, offenbar in einem Augenblick der Versöhnung, zeigte sich A. R. H. Greig wohlwollend bereit zu einem Deckakt zwischen einem ihrer besten Rüden, „Ch. Kala Kah of Lamleh“, und der in Downeys Besitz befindlichen Hündin „Luneville Lady Penelope“, einer Tochter des von ihr stets als „crossbreed“ (Bastard) kritisierten „Trojan Kynos“. A. R. H. Greig fand unerwartete Unterstützung ihrer Lamleh-Linie im Jahre 1956. Alice W. Murphy aus Great Falls, Virginia, war auf der Suche nach einem der kleinen, zotthaarigen Hunde für ihre Tochter. Sie erwarb eine Hündin bei A. R. H. Greig. Soweit bekannt, war das der erste Tibet Terrier, der offiziell in Amerika importiert wurde. Ein Jahr später, also 1957, folgte ein Rüde, ebenfalls ein Lamleh. Noch im gleichen Jahr fiel bei den Murphys der erste Wurf unter dem Zwingernamen „Lamleh of Kaila“. Zwischen beiden Frauen entwickelte sich eine wunderbare Freundschaft, wobei Alice Murphy vollkommen in die Fußstapfen von A. R. H. Greig trat und deren Allüren annahm. Auch sie verkaufte ihre Tibets nur an Leute, denen sie vertraute und mit denen sie freundschaftlich verbunden war. Luneville-Hunde waren für sie kein Thema.

„Chin-Lou of Lamleh“

„Ting-e-lings Pontus" – Vater: „Tsang-Tong of Lamleh". (Besitzer: Christel Axel, Schweden)

Ende der 60er Jahre hatte ich zweimal die Gelegenheit, den Lamleh-Zwinger zu besuchen. A. R. G. Greig, obwohl selbst kränkelnd und zerbrechlich, hatte außer einer Vielzahl von Hunden ihre bettlägerige Schwester zu versorgen. Es gehört wohl zur Tragik ihres Alters, daß ihr zu dieser Zeit die Pflege und Übersicht über ihre Hunde entglitten waren. Als sie im Jahre 1972 verstarb, haben sich Freunde aus England, Amerika und Schweden ihrer Tibet Terrier angenommen. Sie sind dort, da zum großen Teil vom Kennel Club nicht mehr registriert, als Tibet Terrier „unbekannter Herkunft" vereinzelt in die Zucht aufgenommen worden. Die Spaltung der beiden Lager – hier Lamleh, dort Luneville – ist längst Geschichte. Zu allen Zeiten und in vielen Ländern, in denen der Tibet Terrier mittlerweile heimisch geworden ist, haben sich Züchter mit eigenen Vorstellungen und dem Bestreben etabliert, dem Idealbild dieser Rasse nach den Vorgaben des Standards möglichst nahe zu kommen. A. R. H. Greig wird man sich stets erinnern. Sie gilt als die große Pionierin der Tibet-Terrier-Zucht.

Der Tibet Terrier in Deutschland

In der Geschichte der Tibet Terrier auf dem Kontinent hat Deutschland stets eine bedeutende Rolle gespielt. Es waren zunächst englische Importe, mit denen deutsche Züchter erfolgreich weiter gezüchtet haben. Sie hatten außerdem Glück und das

Gespür, „fremde Blutlinien" aufzutun und in ihre Linien einzubringen. Soweit bekannt, wurden die ersten Tibet Terrier von Erika Bruns ins Land geholt. Sie importierte im Jahre 1939 von Alice Greig (Mutter von Agnes R. H. Greig) zwei Hündinnen, die parti coloured „Zosmi of Ladkok" sowie die schwarze „Loki of Ladkok". Beide Hündinnen zählen zu den Stammhunden ihres Zwingers „vom Tiergartenbrück". Der Kauf eines Rüden kam wegen des Kriegsausbruches nicht mehr zustande. In kluger Voraussicht hatte Erika Bruns jedoch beide Hündinnen noch in England belegen lassen von „Chandra of Ladkok", einem Enkel des weißen „Thoombay of Ladkok", der aus der tibetischen Klosterzucht des Buddiman Lama stammte. Während „Loki" nicht aufgenommen hatte, warf „Zosmi" im Jahre 1939 zwei Hündinnen, „Bella und Bolle vom Tiergartenbrück". Das war zugleich der erste Tibet-Terrier-Wurf in Deutschland.

Auf der dringenden Suche nach einem Rüden für ihre Hündinnen wurde Bruns schließlich in Italien fündig. Dort erwarb sie im Jahre 1940 den Rüden „Dyck", dessen Eltern, „Guappo" und „Dolly", aus Tibet kamen. Dem ersten Wurf dieses Rüden mit der Hündin „Bolle" entstammte der weiße, sehr kompakte Rüde „Astor vom Tiergartenbrück". Aus den Dyck-Zosmi-Kombinationen fielen zwar typische, hauptsächlich weiße Tibet Terrier, die aber auch nach den damaligen Vorstellungen zu groß waren. Dyck ist etwa 18 inch, Zosmi 16 inch und Bolle 19 inch hoch (1 inch = 2,5 cm). Für die Weiterzucht bevorzugt wurden daher die Dyck-Loki-Kombinationen, aus denen stets kleinere Exemplare zu erwarten waren. So entstammten u. a. „Billy und Britta vom Tiergartenbrück" einer solchen Verbindung. Aus einer Bruder-Schwester-Verpaarung dieser beiden Tiere fiel der weiße „Ibu vom Tiergartenbrück". Ein exzellenter, kleiner Rüde von gutem Typ, der ein viel beachteter Deckrüde wurde. Aus einer weiteren Inzestverbindung zwischen „Ibu" und dessen Mutter „Britta" fiel u. a. die Hündin „Mara vom Tiergartenbrück".

Die Züchterin Erika Bruns, kam bei der Eroberung Berlins durch die sowjetischen Truppen mit ihren 14 Tibet Terriern tragisch ums Leben.

In Bad Sulza, Thüringen, lebte zu jener Zeit Mary Täuber, eine Hundeexpertin, die sich vor allem in tibetischen Hunden auskannte und lange und hart daran gearbeitet hat, den Tibet Terrier in Deutschland heimisch zu machen. Sie züchtete unter dem Zwingernamen „vom Potala". Ihre Basishunde waren die Hündinnen „Jacki vom Tiergartenbrück" und die oben erwähnte „Mara". Beide gingen also auf die Dyck-Loki-Linie zurück.

Täuber hatte das Glück, am Ende des Krieges den Rüden „R' Rapso" bei sich aufnehmen zu können. Es war ein goldfarbener Tibet Terrier, kaum größer als 30,5 cm (12 inch). Ein österreichischer Offizier hatte ihn im Kaukasus aufgegriffen und beim Rückzug der deutschen Truppen mit nach Thüringen gebracht. Für die engagierte Züchterin bot sich endlich die Gelegenheit, in die ingezüchtete Bruns'sche-Linie ein „Fremdblut" einzukreuzen. Aus der Verbindung „Mara" und „R' Apso" stammte der zu seiner Zeit höchst angesehene schwarze Weltsieger und Internationale Champion „Dschowo vom Potala". Er hat die gesamte Tibet-Terrier-Zucht in den damaligen Zwingern nachhaltig beeinflußt. Rückblickend können wir sagen, daß die Dyck-Loki-Kombination im Hintergrund nahezu aller Tibet-Terrier-Zuchten aus jenen frühen Tagen steht. Bekannt geworden sind außer den bereits erwähnten Zwingern diejenigen „von der Hyden" (Ursula v. Heyden), „von St. Georgen" (Irene Borsutzki), „von Lhasa" (Johanna Raetz), „von der Götzenburg" (Stemmer), „vom Lindenhaus" (Marta Brunner), „vom Wickertal" (Heinz Fade), „von dem Musenberg" (Baron von Kleinschmitt-Lengenfeld), „Gaurisankar" (Gertrud Weber), „Ma-Do-Meh" (Madlen Eisenberg).

Nach dem 2. Weltkrieg und der Wiederbelebung des Ausstellungswesens in Deutschland hat insbesondere der Tibet Terrier als seltene Hunderasse viel Beachtung gefunden. Leider tauchten auf diesen Ausstellungen auch immer wieder Hunde auf, die, durch Kriegs- und Nachkriegswirren herrenlos geworden, von ihren neuen Besitzern als Tibet Terrier ausgegeben und beim Klub für Terrier in Kelsterbach als solche registriert worden sind. Es gehört wohl mit zu den unrühmlichsten Erscheinungen der deutschen Nachkriegskynologie, daß Zuchtschaurichter in Unkenntnis des Standards gerade diese Bastarde mit Siegertiteln versehen haben, derweil typische Tibet Terrier als solche nicht erkannt wurden und leer ausgingen. Die Gemüter erhitzten sich insbesondere an einem Findlingsrüden „Bingo" (Schlingmann), der in den Jahren 1960 und 1961 zum Bundessieger gekürt wurde, obwohl seine äußere Erscheinung – einschichtiges Haarkleid mit Pudellocke, Katzenpfoten, kurze, trippelnde Schritte, langes Vorgesicht – nichts mit einem Tibet Terrier gemein hatte. Aufgrund der daraus resultierenden verständlichen Resignation der Züchter kam die Tibet-Terrier-Zucht in dieser Zeit nahezu völlig zum Erliegen, und es entwickelte sich das heiße Bestreben, einen Klub zu gründen, der fortan als Spezialklub die tibetischen Hunde erfassen und betreuen sollte. Auf Betreiben von Weber, Täuber und einigen Getreuen wurde im Jahre 1967

Weiße Junghündin „Seng-Kyi Uchang-Royal"

der Internationale Klub für Tibetische Hunderassen e. V. (KTR) gegründet.

Für die Tibet Terrier-Zucht ergaben sich daraus wieder neue Perspektiven. Es entstand eine neue Züchtergeneration, die zunächst bestrebt war, den noch vorhandenen Bestand für die Zucht zu erfassen, so u. a. „Ma-Do-Meh Buddha" (ein Rüde mit Braunkomplex) und seine Wurfschwester „Basra" (aus „Grock v. d. Götzenburg" und „Fatme v. Musenberg", Besitzer: Witzler/Eisenberg) sowie „Tsampa v. Geigenbühel" (eine aus Österreich stammende Hündin, zurückgehend auf „Faruk v. d. Musenberg (Besitzer: Nouč), und mit englischen und skandinavischen Exemplaren zu ergänzen. Aus dieser Zeit stammen die Importe „Luneville Princess Paola" (Besitzer: Nouč/Heitmann), „Luneville Prince Kuiju" (Besitzer: Eisenberg), „Silghari Aphrodite" (Besitzer: Koch), „Hoka Dzong Kangri" (Besitzer: Boese), „Skellfield Pippa-Su" (Besitzer: Gottlieb) und der Schwedenimport „Ting E-Lings Pablo", ein Rüde, der auf „Chin-Lou of Lamleh" und „White Pacific", Tochter des in Deutschland gezüchteten „Dortsche vom Gaurisankar" zurückgeht.

Im Laufe der Jahre sind viele neue Züchter hinzugekommen und haben die Tibet-Terrier-Zucht in Deutschland beflügelt. Frische Importe aus England, Skandinavien und den USA haben dazu beigetragen, daß sich der zur Verfügung stehende Genpool nicht zu sehr verengt hat. In der Zucht des Tibet Terriers, die mittlerweile von drei gleichberechtigten Zuchtvereinen im VDH betreut wird, haben wir bereits seit langem Anschluß an das internationale Niveau gefunden. In jüngster Zeit versuchen einzelne Züchter, aus dem Slogan „Die Rückkehr der Lamlehs“ oder „reine Lamlehs“ Kapital zu schlagen – und das etwa 28 Jahre nach dem Tod der Züchterin A. R. H. Greig und 24 Jahre nach dem Tod von Mrs. Murphy! Züchterisch befinden wir uns damit bereits in dem Bereich der Ur-Ur-Großkinder und den sich daraus nach den Mendel-Gesetzen zu errechnenden Ahnenverlusten. „Für den praktischen Züchter“, so schreibt Hans Räber in seinem Buch „Brevier neuzeitlicher Hundezucht“, ist einfach die Erkenntnis wichtig, daß sowohl erwünschte als auch unerwünschte Eigenschaften eines Elternpaares bereits bei den Großkindern nicht mehr vorhanden sein können, wenn sie „herausgemendelt“ worden sind. Da die Verteilung der Chromosomen auf die Geschlechtszellen und auch die Kombination der Geschlechtszellen bei der Befruchtung dem Zufall unterliegen, ist es wahrscheinlich, daß die Nachkommen der Ausgangspopulation in England und der von ihr isolierten Gruppen in den USA nicht mehr länger identisch sein werden. Je länger die Isolation anhält, um so größer kann der genotypische und phänotypische Unterschied werden. So entstehen gewissermaßen

„Ch. Karamain Dharma Chen-Pa“

Championess „Karamain Laralei" – Linienzucht auf Dehradub Ky Chin of Lamleh, gold/silberfarben

„Unterrassen", die mitunter in ihrer Merkmalssausprägung recht weit auseinander liegen können. Das heißt, sie sind genetisch „abgedriftet". Um richtig verstanden zu werden, möchte ich ergänzen: Gegen den Import von Tibet Terriern bestehen durchaus keine Einwände, wenn hierdurch eine Vergrößerung des vorhandenen Genpools erreicht werden kann. Eine Rückkehr der „reinen Lamlehs", wenn es diese denn jemals gegeben haben sollte, wird es allerdings nicht geben.

Rassestandard und Erläuterungen

Aufgrund von Vereinbarungen zwischen den kynologischen Dachverbänden von Ländern, die international durch die „Fédération Cynologique Internationale“ (FCI) vertreten werden, sowie durch Absprachen mit dem englischen „Kennel Club“ und dem „American Kennel Club“ werden die Rassestandards jeweils von dem Land aufgestellt, in dem die Rasse ihren Ursprung hat. Nur dieses Land besitzt das Vorrecht, notwendige Ergänzungen oder Veränderungen vorzunehmen. In diesem Sinne würde Tibet als das Ursprungsland aller tibetischen Hunde anzusehen sein. Da jedoch dort in der Vergangenheit keine kynologischen Organisationen bestanden haben und infolge der gegenwärtigen politischen Situation durch die chinesische Besetzung des Landes die Gründung solcher Orga-

Ein typischer Vertreter seiner Rasse

nisationen auch nicht zu erwarten ist, übt England das Patronat über diese Hunderassen aus und ist für die Standarderstellung verantwortlich. Die Beschreibung des Tibet Terriers ist in ihrer aktualisierten Form vom 20. 04. 1998/D als FCI-Standard Nr. 209 hinterlegt.

Rassestandard

Ursprung. Tibet.
Patronat. Großbritannien.
Datum der Publikation des gültigen Original-Standardes. 25.08.1988.
Verwendung. Begleithund.
Klassifikation FCI. Gruppe 9 Gesellschafts- und Begleithunde, Sektion 5 Tibetanische Hunderassen; ohne Arbeitsprüfung.
Allgemeine Erscheinung. Robust, von mittlerer Größe, langhaarig, mit quadratischer Silhouette, resoluter Ausdruck.
Charakter/Wesen. Lebhaft, gutmütig. Treuer Kamerad mit vielen einnehmenden Wesenszügen. Aus sich herausgehend, wachsam, intelligent und mutig; weder ungestüm noch streitsüchtig. Fremden gegenüber zurückhaltend.
Kopf. Der Kopf ist reichlich mit langem Haar bedeckt, das nach vorn über die Augen fällt. Am Unterkiefer befindet sich ein kleiner, aber nicht übertrieben ausgebildeter Bart. Schädel von mittlerer Länge, weder breit noch grob, von den Ohren zu den Augen hin etwas schmaler werdend; zwischen den Ohren weder gewölbt noch völlig flach. Stop deutlich, aber nicht übertrieben ausgebildet. Nasenschwamm schwarz. Jochbein gebogen, aber nicht so übermäßig ausgeprägt, daß es vorgewölbt wäre.
Fang. Kräftig. Die Länge von den Augen bis zur Nasenspitze hin ist gleich der Länge von den Augen bis zur Schädelbasis. Unterkiefer gut entwickelt. Die Schneidezahnreihe bildet einen leichten Bogen, wobei die Schneidezähne in regelmäßigem Abstand und senkrecht im Kiefer stehen. Scherengebiß oder umgekehrtes Scherengebiß.
Augen. Groß, rund, weder hervorquellend noch tiefliegend; ziemlich weit auseinanderliegend, dunkelbraun, Augenlider schwarz.
Ohren. Hängend, nicht zu dicht am Kopf anliegend getragen, V-förmig, nicht zu groß, üppig behaart.
Körper. Gut bemuskelt, kompakt und kraftvoll, Länge von der Schulterblattspitze zum Rutenansatz gleich der Widerristhöhe. Rücken über dem Rippenschiff gerade. Lenden kurz, leicht gewölbt. Kruppe gerade. Brust mit weit zurückreichendem Brustkorb.
Rute. Mittellang, ziemlich hoch angesetzt und fröhlich eingerollt über dem Rücken getragen, sehr üppig behaart. Ein Knick nahe der Spitze der Rute kommt oft vor und ist erlaubt.

Vorderhand. Stark behaart, Läufe gerade und parallel. Schultern gut schräg zurückgelagert. Vordermittelfuß leicht schräg.

Hinterhand. Stark behaart. Kniegelenk gut gewinkelt. Sprunggelenk tief stehend.

Pfoten. Groß, rund, zwischen den Zehen und Ballen reichlich behaart; gut flach, auf den Ballen stehend, keine Wölbung in den Pfoten.

Gangwerk. Zügig, guter Vortritt, kraftvoller Schub. In Schritt und Trab sollen die Hinterläufe weder innerhalb noch außerhalb der Spur der Vorderläufe fußen.

Haar. Doppelt, Unterwolle fein und wollig, Deckhaar üppig, fein, jedoch weder seidig oder wollig, lang, glatt oder gewellt, aber nicht lockig.

Farbe. Weiß, gold, creme, grau oder rauchfarben, schwarz, zwei- oder dreifarbig; eigentlich ist jede Farbe mit Ausnahme von schokoladen- oder leberbraun erlaubt.

Größe. Schulterhöhe bei Rüden 35,6 bis 40,6 cm, Hündinnen geringfügig kleiner.

Fehler. Jede Abweichung von den vorgenannten Punkten muß als Fehler angesehen werden, dessen Bewertung in genauem Verhältnis zum Grad der Abweichung stehen sollte.

Anmerkung. Rüden müssen zwei offensichtlich normal entwickelte Hoden aufweisen, die sich vollständig im Hodensack befinden.

Erläuterungen

Allgemeine Erscheinung – Charakteristika – Wesen. Ein Standard, so wie er sich beim Tibet Terrier und natürlich auch bei allen anderen Rassehunden darstellt oder abzeichnet, wird von Fachleuten – Zuchtrichtern und Züchtern – formuliert und ist für eben diese Fachleute gedacht. Wie in jedem Spezialbereich üblich, ist er in einer Fachsprache abgefaßt, die nicht jedem sofort zugänglich ist. Zur Begriffserklärung ist die folgende Skelettdarstellung des Tibet Terriers hilfreich.

Von seinen Ursprüngen her ist der Tibet Terrier eine äußerst zähe und robuste Rasse, geprägt durch die rauhen und unwirtlichen klimatischen Bedingungen seines Herkunftgebietes, in dem sich im jahreszeitlichen Wechsel extrem kalte und schneereiche Winter mit kurzen, aber heißen Sommern mit staubiger, verdorrender Trockenheit ablösen. Den natürlichen Schutz gegen die grimmige Kälte finden diese Hunde in ihrem langen, alles überdeckenden, doppelschichtigen Haarkleid mit über die Augen fallendem Stirnhaar. Es versteht sich von selbst, daß für die Arbeit zum Treiben und Hüten von Herden in einem unwegsamen, schwierigen Gelände nur Hunde von mittlerer Größe geeignet waren, die eine gute körperliche Konstitution hatten, mit derbem Knochenbau und stark entwickelten Mus-

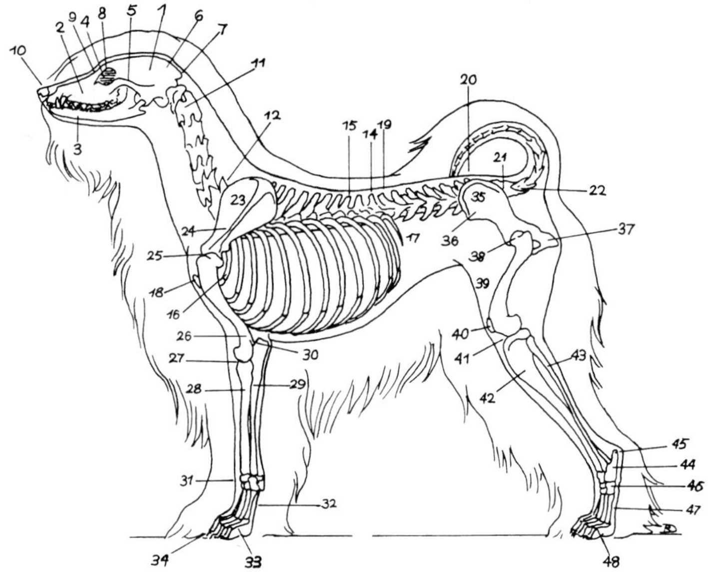

1 Hirnschädel
2 Gesichtsschädel
3 Unterkiefer
4 Augengrube
5 Jochbogen
6 Scheitelleiste
7 Hinterhauptbeinstachel
8 Stirnhöcker
9 Stirnabsatz (Stop)
10 Nasenknorpel
11 Flügel des Atlas, 1. Halswirbel
12 Dornfortsatz des 7. Halswirbels
13 Dornfortsatz des 1. Brustwirbels (liegt verdeckt unter dem Schulterblatt)
14 13. Brustwirbel
15 Diaphragmatischer Wirbel
16 1. Rippe
17 13. Rippe
18 Brustbein
19 1. Lendenwirbel
20 Dornfortsatz des 7. Lendenwirbels
21 Kreuzbein
22 1. Schwanzwirbel
23 Schulterblatt
24 Schulterblattgräte
25 Schultergelenk
26 Oberarmbein
27 Ellenbogengelenk
28 Speiche
29 Elle
30 Ellenbogenhöcker
28.–30. Unterarmskelett
31 Vorderfußwurzelgelenk
32 Vordermittelfußskelett
33 Zehenglieder der Vorderpfote mit Zehengelenken
34 Krallenbein
35 Becken
36 Hüfthöcker
37 Sitzbeinhöcker
38 Hüftgelenk
39 Oberschenkelbein
40 Kniescheibe
41 Kniegelenk
42 Schienbein
43 Wadenbein
44 Fersenbein
45 Fersenbeinhöcker
46 Hinterfußwurzelskelett, Hinterfußwurzel- oder Sprunggelenk
47 Hintermittelfußskelett
48 Zehenglieder der Hinterpfote mit Zehengelenken

Skelett des Tibet Terriers

keln sowie einer verhältnismäßig kurzen, belastbaren Wirbelsäule. Im Erscheinungsbild fließen das Verhältnis von Körpergröße und -länge zu dem Begriff „quadratische Silhouette“ zusammen. Eine indische Beschreibung besagt, daß die Kürze des Rückens, in Verbindung mit den langen, reich behaarten Beinen, dem stark behaarten Kopf sowie der geringelten Rute der allgemeinen Erscheinung gleichzeitig einen vergnügten und kräftigen Ausdruck verleihen.

„Von den Hirten und auf den Besitzungen der Reichen des Landes“, so heißt es in einem Reisebericht, „... werden sowohl Mastiffs als auch Tibet Terrier gehalten, wobei der Tibet Terrier mit seinem scharfen Gehör gewissermaßen eine Art Frühwarnsystem darstellt, während der Mastiff mit seinen größeren Zähnen ein gewichtiger Verteidiger ist.“ Diese Wächterfunktion ist dem Tibet Terrier auch heute noch zu eigen. Er meldet mit seinem hellen Geläut die Ankunft jedes Fremden, ohne dabei in ein für uns nervenaufreibendes Kläffen zu verfallen. Besuchern begegnet er zumeist skeptisch und zurückhaltend. In gebührendem Abstand versucht er, sich zunächst über Sympathie oder Antipathie schlüssig zu werden, er liebt es nicht, in seinen Entscheidungen bedrängt zu werden. Hat er aber erst einmal sein Herz für jemanden entdeckt, so erschließt er sich ihm mit der vollen Vielfalt seiner Gefühle. Ein Tibet Terrier ist kein Zwingerhund. Körperlich und geistig kommt er nur dann zur vollen Entfaltung, wenn er als Mitglied der Familie behandelt wird. Stets aufmerksam und fröhlich, entwickelt er sich hier zu einem anhänglichen, treu ergebenen Lebensgefährten für die Erwachsenen. Er ist immer zu Späßen aufgelegt und ein gutmütiger Spielkamerad für Kinder, denen im übrigen seine besondere Zuneigung gilt.

Wer den Tibet Terrier bereits kennt, weiß, daß es sich um eine höchst intelligente Hunderasse handelt. Der Tibet Terrier ist gelehrig und willig und reagiert gern auf den freundlichen Klang der Stimme seines Herrn, ohne dabei seine Persönlichkeit aufzugeben. Bei seinem natürlichen Charme verzeiht man ihm schnell, wenn er sich einmal als störrisch erweist und sich Befehlen widersetzt, die er als ungerecht empfindet. Der Tibet Terrier hat sich im Laufe der Jahre zu einem kultivierten Haus- und Begleithund entwickelt. Obwohl er sich einer wachsenden Beliebtheit erfreut, ist ihm bis jetzt das Schicksal vieler Moderassen erspart geblieben, die bei derartigen Tendenzen ihre körperliche und geistige Unversehrtheit verloren haben. Er ist frei von Krankheiten und körperlichen Gebrechen. Selbst im Hinblick auf sein dichtes und üppiges Haarkleid sind Hautkrankheiten bei ihm praktisch nicht bekannt. Als Mitteleuropäer sind wir immer wieder überrascht, mit welchem Gleichmut sich diese Hunde in der Hitze selbst subtropischer Regionen bewegen und wie sie es genießen, in der klirrenden Kälte eines nordischen Winters im Freien zu sein.

In der Standardbeschreibung des British Kennel Club aus dem Jahre 1950 ist zu lesen: Mittelgroßer Terrier, in allgemeinem Aussehen nicht unähnlich einer Zwergausgabe des Old English Sheepdog (d. h. Bobtail). Für den Laien, der sich zum ersten Male einen Gesamteindruck von dieser Hunderasse verschaffen möchte, mag diese Lesart recht anschaulich sein. Aus der Nähe betrachtet ergeben sich jedoch eine Anzahl wesentlicher Unterschiede. So hat der Tibet Terrier beispielsweise eine mittellange Rute, die lustig über dem Rücken getragen wird, während der Bobtail eine angeborene oder kupierte Stummelrute hat. Der Standard fordert beim Tibet Terrier „große Pfoten", der Hund soll nieder auf seinen Pfoten stehen. Die Pfoten beim Bobtail sind vergleichsweise klein und rund, mit gut gewölbten Zehen.

Gewisse Ähnlichkeiten im anatomischen Aufbau sind dagegen, wie vergleichende Untersuchungen der deutschen Kynologen Mut und Mohr festgestellt haben, bei dem kleinen ungarischen Hirtenhund, dem Puli, nachzuweisen. Lochte (1963) konnte anhand von Haaruntersuchungen, in die er u. a. den Kuvasc, Komodor, Puli und Tibet Terrier einbezog, den Nachweis erbringen, daß Tibet Terrier und Puli ähnliche Haarcharakteristika aufweisen, in denen sie sich von anderen Hunderassen unterscheiden. Möglicherweise sind Tibet Terrier und Puli also auf eine gemeinsame Urform zurückzuführen. Nachdem beide sich zu selbständigen Rassen entwickelt haben, wäre es jedoch müßig, heute entsprechende Theorien zu entwickeln. Doch wie auch immer, Vergleiche hinken und Beschreibungen können sehr subjektiv sein. Nur wer einmal einen Tibet Terrier besessen hat, kann dies nachempfinden, und sein Ergebnis, ausgedrückt in der knappen, aber prägnanten Sprache der Engländer wird lauten: „Once a Tibetan Terrier ever a Tibetan Terrier".

Kopf und Schädel. Bei der Betrachtung des Tibet Terriers sollten wir uns stets dessen bewußt sein, daß er ursprünglich in Regionen gezüchtet worden ist, in denen andere Schönheitsideale gegolten haben. Das für uns exotenhaft erscheinende Aussehen aller tibetischen Kleinhunde schlägt sich vor allem in den Erscheinungen der Köpfe und deren typischen Verkürzung der Gesichtsschädel nieder. In älteren englischen Standards wird dieser Situation bei der Beschreibung des Tibet Terriers noch Rechnung getragen, wenn es heißt: Kopf mittellang, im Ganzen eher kurz wirkend. Schnauzenlänge vom Auge bis zur Nasenspitze um ein Fünftel bis ein Viertel kürzer als die Länge zwischen Schädelbasis (gemeint ist der Hinterhauptbeinstachel) und Auge. Aus Gründen, die mir nicht bekannt sind, wurden diese m. E. typischen Relationen inzwischen aufgegeben. Hirnschädel und Gesichtsschädel sollen nach den neuesten Standardbeschreibungen im Verhältnis 1 : 1 stehen. Für die korrekte Kopfform bleiben weiterhin die Ausgewogenheit von Oberkopf und Vorgesicht maßgebend, die von einem deutlichen, jedoch nicht überbetonten Stirnabsatz (Stop) getrennt sind, so daß nicht der Eindruck eines langen, profillosen Schädels entstehen kann. Als untypisch gilt ein – wie der Engländer es auszudrücken pflegt – „schnepfenhafter Ausdruck" (snipey expression), also ein zu langes, schmales Vorgesicht mit einer zu langen Nase und einem zu schwach entwickelten Unterkiefer. Die Nasen-

Ein goldfarbener Tibet Terrier in der Standposition

Weiße Schönheit mit hellgoldenen Ohrtips, Nasenschwamm jahreszeitlich aufhellend

Mit fragendem Blick in die Kamera, 8 Wochen alte Welpen, zweiter von links mit Braunkomplex

spitze liegt deutlich unterhalb der Augenlinie. Dieses ist nicht zu verwechseln mit einem abfallenden Nasenrücken (downfaced), der in jedem Falle fehlerhaft ist, ebenso wie ein ansteigender Nasenrücken. Harmonie und Ausgewogenheit, die den Tibet Terrier vor vielen anderen Rassen auszeichnen, schließen auch einen zu groben Kopf aus, insbesondere dann, wenn dieser nicht in der richtigen Relation zu einem zierlichen Körper steht. Natürlich ist auch ein hündinnenhafter Kopf auf einem maskulinen Körper als fehlerhaft anzusehen und umgekehrt. Die Nasenkuppe ist der sichtbare Teil der Geruchsorgane. Sie soll, im Standard als Nase bezeichnet, schwarz sein und gibt damit so gut wie keinen Spielraum für die Bewertung.

Tatsächlich bestehen ganz bestimmte Wechselbeziehungen zwischen Haarfarbe und Farbe der Nasenkuppe. Sehr deutlich wird das zwischen der Haar- und Nasenfarbe bei schokoladefarbenen Tibet Terriern. Diese Hunde haben stets eine braune Nase. Sie sollte nicht verwechselt werden mit einer pigmentlosen, dauerhaft fleischfarbenen Nase. Eine unvollständige Pigmentierung liegt bei der sogenannten Schmetterlingsnase vor, bei der die schwarze Pigmentierung wie ein Schmetterling auf rosa (pigmentlosen) Nasenflügeln liegt. Als fehlerhaft, wenn auch m. E. nicht ganz so gravierend, ist die sogenannte Wechselnase anzusehen. Diese Hunde haben dunkle Nasen mit jahreszeitlich schwankenden Aufhellungen, die zum Nasenrücken hin deutlich zunehmen. Behaftet mit derartigen Wechselnasen sind zumeist Tibet Terrier, die zu einem hell-rotgoldenen, apricotfarbenen oder auch eierschalenfarbenen Haarkleid tendieren und offenbar das von Little beschriebene Gen (Erbfaktor) für Aufhellung der gelben Farbe besitzen. Ausstellern ist anzuraten, ihren Tibet Terrier mit bräunlich oder hell-anthrazitfarbener Nase möglichst nur in den Sommermonaten auszustellen, wenn aufgrund einer ausgiebigen UV-Strahlung die Nasenkuppe wieder nahezu schwarz geworden ist. Welpen werden übrigens häufig mit fleischfarbener Nase geboren. In der Regel bilden sich nach einigen Tagen einzelne Kristallisationspunkte des schwarzen Pigments, die sich im Laufe der nächsten Wochen vergrößern, ineinander wachsen und die gesamte Nasenkuppe überziehen.

Augen. Aus den dunklen, ausdrucksvollen, fragenden Augen, die sichtbar werden, wenn wir den dichten Schleier der in die Stirn fallenden Haare beiseite nehmen, spricht die Klugheit dieser Rasse. Die Augen stehen ziemlich weit auseinander, wobei die Augenlängsachse in einem leichten Winkel zum Nasenrücken verläuft. „Die zentrale Position der Augen", so A. R. H. Greig, „... gibt dem Hund einen viel besseren Gesichtskreis, mit Sicht zur Seite und nach hinten; dadurch wird die Bedrohung des Hundes durch wilde Tiere ... verringert". Die Farbe der Augen wird wie die Fellfarbe durch Gene gesteuert. Zu beobachten ist, daß sich bei schokoladefarbenen Tibet Terriern die Augenfarbe vom Aquamarinblau des Welpen über ein Grün (etwa 4. bis 6. Lebensmonat) zu einer Honigfarbe entwickelt. Seltener findet man bei schwarzen Hunden mit weißen Abzeichen neben einem normal dunklen ein blaues Auge. Solche „Glasaugen", die auch bei Pferden auftreten können, entstehen durch Pigmentverluste in der Regenbogenhaut. Die Lidumrandungen sollen schwarz sein. Ihre Farbe korrespondiert allerdings auch mit der Nasenfarbe.

Ohren. Form, Ansatz und Haltung der üppig befederten Ohren tragen wesentlich dazu bei, den typischen Kopfausdruck des Tibet Terriers zu vollenden. Die Ohren sollen von mittlerer Größe sein, die Ohrspitzen leicht V-förmig gerundet. Sie sollen herabhängend, doch weder zu fest am Kopf anliegend, noch angeliftet getragen werden. Ihr Ansatz ist seitlich nach hinten orientiert, etwas unterhalb der Schädelbasis.

Gebiß. Der Standard stellt die Alternativen Scherengebiß und umgekehrtes Scherengebiß gleichberechtigt nebeneinander. Er beendet damit eine in der Vergangenheit häufig geführte Diskussion um die Gebißstellung, die aus der Übersetzung des englischen „level bite“ früher auch als Zangengebiß angegeben worden ist. Bei dieser letzteren Gebißstellung treffen die oberen und unteren Schneidezähne genau aufeinander. Obwohl diese Gebißform noch bei Wildhunden und Wölfen anzutreffen ist, sagt uns die menschliche Logik, daß sich hierbei die Zähne vorzeitig abnutzen. Beim Scherengebiß greifen die oberen Schneidezähne mit ihrer hinteren Fläche knapp über die Vorderflächen der unteren. Eine umgekehrte Schere stellt der Vorbiß dar. Hier stehen die unteren Schneidezähne knapp vor den oberen. Welchem der beiden Gebisse züchterisch der Vorzug zu geben ist, ist Ansichtssache. Gegner des Scherengebisses argumentieren, daß die Ausrichtung auf diese Form des Gebisses mit der Zeit zu langen Vorgesichtern führt. Bei einer Bevorzugung des Vorbisses, so die andere Seite, geht der Zahnschluß verloren. Ein Fehler, der um so gravierender zu bewerten ist, je größer die Lücke zwischen den Zähnen der beiden Kiefer klafft.

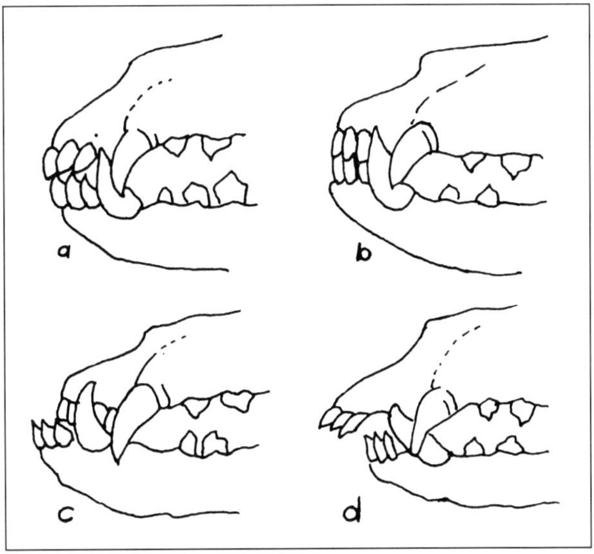

Gebißformen
a Scherengebiß
b Zangengebiß oder Aufbiß
c Vorbiß
d Rückbiß

Als eine Abnormität – wie übrigens bei allen anderen Hunderassen auch – ist der Rückbiß zu sehen. Die oberen Schneidezähne stehen hier beträchtlich vor denen des zurückgebliebenen Unterkiefers. Bei geschlossenem Fang bohren sich die unteren Fangzähne in den Gaumen, und häufig hängt die Zunge, für die im Unterkiefer zu wenig Raum ist, seitlich heraus. Die in den Kiefern eingebetteten kräftigen Schneidezähne (6 im Ober-, 6 im Unterkiefer) sollen senkrecht stehen. Sie bilden, in regelmäßigen Abständen aneinandergereiht, einen leichten Bogen zwischen den Fangzähnen. Das normal ausgebildete Gebiß eines erwachsenen Hundes hat 42 Zähne. Im Hinblick auf ihre Funktion werden sie als Schneidezähne (Incisivi), Fangzähne (Canini), vordere Backenzähne (Praemolaren) und Backenzähne (Molaren) bezeichnet. Züchter und Zuchtrichter sollten stets vor Augen haben, daß zur Funktionstüchtigkeit eines Tibet Terriers auch ein vollständiges Gebiß gehört. Konzessionen können nur hinsichtlich des Fehlens der 1. Praemolaren im Unterkiefer gemacht werden.

Hals. Im Standard finden wir keine Angaben zum Hals, obwohl diesem im Rahmen der gesamten Bewegungsmechanik eine große Bedeutung zukommt. Wenn sich der Hals unter einer üppigen Behaarung auch nur verschwommen abzeichnet, so müssen darunter doch die anatomischen Voraussetzungen in Form und Länge gegeben sein, ohne die selbst der beste Kopf nicht zur Geltung kommt. Der Hals mit seinen sieben Halswirbeln soll an den Schultern deutlich abgegrenzt und gut aufgesetzt sein, dabei in einer eleganten oberen Linie ohne Knick harmonisch in die Schulterpartie mit schräg zurückliegenden Schulterblättern übergehen. Er verjüngt sich zum Kopf hin und wird schräg nach vorn aufwärts getragen. Die Halslänge sollte in Harmonie zum Körper und zum Kopf stehen, also weder übertrieben lang noch kurz und dick erscheinen.

Ein optisch zu kurz geratener Hals ist in der Regel auf zu steil gelagerte Schultern zurückzuführen.

Vorderhand. Vom Vordergliedmaßenskelett sind Schulterblatt und Oberarmbein dem Brustkorb seitlich angelagert und dort sowie an den Rückenwirbeln durch Bänder und kräftige Muskeln beweglich befestigt. Die oberen Ränder der Schulterblätter bilden zusammen mit der hier ansetzenden Muskulatur den beweglichen Widerrist. Das schräg nach vorn und unten gelagerte Schulterblatt verbindet sich an seinem unteren Ende mit dem Oberarmbein. Der Winkel, den sie einschließen, wird Schulterwinkel genannt. Bei einer gut gelagerten Schulter ist er etwas

Championesse „Sally v. Potala", 6 Jahre alt

größer als 90 Grad (etwa 100 Grad). Hieraus ergibt sich, daß das Schultergelenk weit vorn am Brustkorb plaziert ist und daß der senkrecht unter dem Oberarm stehende Unterarmknochen weiter nach hinten gestellt ist, wobei das Ellenbogengelenk etwa senkrecht unter dem oberen Schulterblattrand liegt. Eine schlechte, d. h. zu steile Schulterlage (der Schulterwinkel nähert sich mehr einem gestreckten Winkel), wie sie u. a. aus einer Verkürzung des Oberarmes entstehen kann, unterstellt den Unterarm sehr weit vorn und vermittelt den Eindruck einer typischen „Terrierfront". Der Hund ist damit in seiner Schrittlänge begrenzt und kann den von der Hinterhand übertragenen Schub nur begrenzt auffangen. Er versucht, die mangelnde Reichweite zu kompensieren, indem er die Vorderarme höher streckt und länger in der Schwebephase hält. Die Folge ist der sogenannte „steppende Gang".

In der Vorderansicht stehen die Vorderläufe parallel zueinander, wobei die Ellenbogengelenke sich etwa in Höhe des Brustbeines befinden. Nach dem amerikanischen Standard sollte die Länge – gemessen vom Widerrist bis zu den Ellenbogen – gleich der vom Ellenbogen bis zum Boden gemessenen Höhe sein.

Abweichungen vom normalen Stand der Vorderläufe ergeben sich aus den nach innen oder nach außen gedrehten Ellenbogen. Die erstgenannte Stellung wird zumeist durch eine zu schmale oder seichte Brust verursacht. Sie bringt die Vorderläufe zu nahe aneinander, infolgedessen werden die unteren Teile der Läufe, abdrehend im Fußgelenk, nach außen gestellt. Man spricht von einer „Französischen“ oder „Tanzmeister-Stellung“. Seitlich gesehen soll der untere Teil des Vorderlaufes (Unterarm) vom Ellenbogengelenk abwärts bis zum Vorderfuß eine gerade Linie bilden. Der sich nach unten anschließende Vordermittelfuß, dessen Aufgabe darin besteht, den Stoß der Vorhand federnd aufzufangen, erfüllt seine Aufgabe am vorteilhaftesten, wenn er die gerade Fortsetzung des Unterarms bildet, stark, doch nicht zu lang ist und vom Profil gesehen in einem leichten Winkel nach vorn steht.

Jungrüde „Karamain Jigme“ in den Proportionen des Standards

Körper. Von der Gesamterscheinung her soll der Tibet Terrier quadratisch erscheinen, wobei der Standard das Quadrat definiert nach der Länge, gemessen von der Schulterblattspitze (Buggelenk) bis zum Rutenansatz, und nach der Höhe, gemessen vom Widerrist bis zum Boden. Wenn wir den Abstand vom Rutenansatz bis zum Sitzbeinhöcker hinzunehmen, kommt man auf ein Rechteck im Querformat mit dem Ergebnis des „nahezu“ Quadratischen.

Der Brustkorb verdient in bezug auf seine äußere Form besondere Beachtung, da er die Organe der Atmung und des Kreislaufes enthält. Die Breite des Brustkorbes ist von der Rippenwölbung abhängig. Seine Länge wird bestimmt durch ein langes Brustbein und die weit auseinandergerückten, schräg nach hinten gerichteten Rippen. Diese Form gestattet eine große seitliche Ausdehnung, ein Vorteil, der dem gesamten Atmungsprozeß zugute kommt. Fehlerhaft ist eine zu schmale, seitlich zusammengedrückte Brust mit einer zu flachen Rippenwölbung. Sie geht zumeist mit einer geringen Brusttiefe einher. In der Vorderansicht erkennen wir dann eine schmale, „ausgehöhlte“ Brust. Folgen dieser Brustform sind u. a. Stellungsanomalien der Vorhand (Französische Stellung). Im Gegensatz hierzu ist der „tonnenförmige Brustkorb“ zu sehen. Auch er gilt als Fehler, da sich die nur leicht nach innen gewölbten Schulterblätter unzureichend an diese Form anpassen können. Die Ellenbogen werden nach außen gedreht, und es entsteht das, was wir als „lose Schulter“ bezeichnen.

Der Rücken bildet den Abschluß des Brustkorbes nach oben. Seine Verbindung mit dem Hals verläuft zwischen den Schulterblättern. Im weiteren Verlauf soll er sich unmerklich mit der Nierenpartie vereinigen, ohne an der Übergangsstelle zwischen Rücken- und Lendenwirbel eine stark betonte Einsenkung zu zeigen. Der leicht aufwärts gewölbte Bogen der Lendenwirbelsäule beginnt an der letzten Rippe und endet am Darmbeinrand. Dort läuft er aus in das Kreuzbein und in die ersten Schwanzwirbel, von denen die Kruppe unterlagert wird. Diese freitragende Brücke zwischen Rippen und Kreuzbein, die sogenannte Lendenpartie, soll, von der Seite gesehen, stark und möglichst kurz sein, dabei flexibel genug, um plötzliche Drehungen und Wendungen vollziehen zu können.

In der Auflistung der Rückenmängel ist sicherlich der Senkrücken als der gravierendste anzusehen, da er dem gesamten Konstruktionsprinzip einer bogenförmig gespannten Wirbelsäule zuwiderläuft. Die Muskeln sind hier schwach und wenig leistungsfähig. Optisch wirkt dieser

Rücken auch zu lang. Wenig elastisch in der Vorwärtsbewegung ist der sogenannte Karpfenrücken. Hier beginnt die starke Aufwölbung bereits im Bereich der Rückenwirbel und setzt sich über die Lendenwirbel fort.

Als überbaut gilt ein Hund, dessen Kruppe höher liegt als der Widerrist. Die Hinterläufe sind hierbei zu lang und nicht genügend gewinkelt. Die Vorhand wird dadurch stärker als üblich belastet. Der im Standard erwähnte gerade Rücken verleitet Aussteller häufig dazu, die Hinterläufe ihres Tibet Terriers nach hinten herauszustellen. Über solch eine Zwangsposition wird zwar die Wunschvorstellung nach einer schönen Ausstellungspose erreicht, dem Sinngehalt des Standards wird damit jedoch nicht entsprochen. Ein gerader Rücken ist in dem Sinne zu verstehen, „... daß dort keine extremen oder gar den natürlichen Wölbungen entgegengesetzte erlaubt sind“ (Stockmann).

Hinterhand. Die Schubwirkung in allen Gangarten geht von der Hinterhand aus, die als Stemm- und Hebelwerk konstruiert ist. Ihre Glieder, die weit unter den Körper greifen müssen und diesen nach vorn treiben sollen, sind länger als die der tragenden und den Schub auffangenden Vorhand. In dieser Hinsicht ist die Hinterhand des Tibet Terriers eines seiner charakteristischen Merkmale. Sie ist lang und weist in ihrer ganzen Länge starke Biegungen und Winkelungen auf. An die Hinterhand eines afghanischen Windhundes erinnernd zeigt sie, daß der Tibet Terrier zum Klettern und Springen im Geröll unwegsamsten Berggeländes geeignet ist. Die Sprunggelenke sollen so tief wie möglich liegen, die Hinterfüße gut auf den Ballen stehen und gut untergezogen sein, so daß bei der langen Behaarung der Eindruck erweckt wird, als berührten die Sprunggelenke, die weder nach innen noch nach außen gerichtet sein dürfen, fast den Boden. Für eine reibungslose Übertragung des Schubes an die Wirbelsäule ist die Lage des Beckens von besonderer Bedeutung. Das Becken sollte bei der schuberzeugenden Streckung der Hinterläufe gewissermaßen eine Verlängerung der leicht aufsteigenden Wirbelsäule bilden. Äußerlich sichtbar ist das an der Form der Kruppe, die sich je nach Lage und Länge von Kreuzbein und Beckenknochen ergibt. Beim Tibet Terrier fällt die Kruppe kaum merkbar ab und geht in den Rutenansatz über. In diesem Sinne eines sanft abfallenden Bogens der Lendenwirbelsäule über der Kruppe ist auch die Forderung des Standards nach einer geraden Kruppe zu sehen. Eine vollkommen horizontale Kruppe würde einem mehr waagerecht gelagerten Becken entsprechen und eine eher stützende als treibende Funktion haben, im Gegensatz hierzu die abschüssige oder im Extrem „abgeschlagene“ Kruppe und der sich daraus ergebende zu tiefe Rutenansatz.

Pfoten. Zu den typischen Merkmalen des Tibet Terriers gehören seine flachen, runden und für die Größe dieses Hundes ungewöhnlich großen Pfoten, die mit ihren dicken und festen Ballen auf dem Boden aufliegen. Dieser Eindruck des flachen Aufliegens der Pfoten (well down on its pads) wird verstärkt durch die schräg nach vorn gestellten Mittelfußknochen der Vor- und Nachhand. Das gesamte Gewicht des Tibet Terriers scheint auf dem Mittelfuß zu ruhen, nicht auf den nur minimal gekrümmten Zehen. Im übrigen sind auch die Pfoten mit üppigen Haaren bedeckt, außerdem mit reichlich Haaren zwischen Zehen und Ballen. In Verbindung mit den großen, runden Pfoten ist dadurch ein gewisser „Schnee-Schuh-Effekt“ gegeben, der es dem Hund erlaubt, sich auf lockerem Schnee sowie glatten Eisflächen zu bewegen, ohne einzusinken oder zu rutschen.

In Tibet-Terrier-Würfen treten vereinzelt Welpen mit sogenannten „Afterkrallen“ an den Hinterläufen auf, die fälschlicherweise auch als „Wolfskralle“ oder „Wolfsklaue“ bezeichnet werden. Bei dieser rudimentären Zehe handelt es sich um einen Rückschlag (Atavismus) auf den ursprünglich fünfzehigen Säugerfuß. Diese Afterkrallen der Hintergliedmaßen können alle Übergänge von einer lose in der Haut steckenden Hornkralle bis zu einer in allen Teilen knöchern angelegten und mit den dazugehörigen Muskeln versehenen ersten Zehe zeigen. Meist sind sie nur durch lockere Bänder mit dem übrigen Fußskelett verbunden und deshalb funktionell völlig bedeutungslos. Im Gegenteil gilt: Wenn die Hunde hängenbleiben, ist hier eine große Verletzungsgefahr gegeben. „Tiere mit Afterkrallen neigen zu kuhhessigen Stellungen und damit zu einem unschönen und wenig fördernden Gangwerk, da solche Hunde, um ein gegenseitiges Streifen der Afterzehen zu verhindern, ihre Hinterpfoten nach außen stellen“ (Seiferle). Aus diesen Gründen sollten die Afterkrallen an den Hinterläufen grundsätzlich entfernt werden.

Rute. Die Rute spielt vor allem bei der Fortbewegung eine wichtige Rolle. In Verbindung mit dem Hals stellt sie ein Pendel dar, das den Körper des Hundes im Gleichgewicht hält, insbesondere bei großer Geschwindigkeit und beim Springen. Die ersten vier Rutenwirbel bilden zusammen mit dem Kreuzbein die Kruppe. Sie soll, wie bereits beschrieben, „gerade“ sein und damit einen ziemlich hoch angesetzten Rutenansatz gewährleisten. Die stark befiederte Rute wird „fröhlich eingerollt über dem Rücken getragen“, wobei die

Spitze der Rute dort aufliegt oder etwas seitlich davon herunterhängt. Eine schlechte Rutenhaltung ist zumeist die Folge einer zu tief angesetzten Rute. Als fehlerhaft ist u. a. die zu hoch aufgerichtete und in Form eines Kesselhakens gekrümmte Rute anzusehen, die nicht auf dem Rücken aufliegt. Häufig befindet sich ein Knick (kink) nahe der Rutenspitze. Er bewirkt, daß die Rute dort noch stärker einwärts gerollt (schleifenartig) getragen wird.

Gangart, Bewegung. Einer älteren englischen Standardbeschreibung ist zu entnehmen: „Flink und beweglich, mit wendigen, spielerisch tänzelnden Bewegungen, in langsamem Schritt bärenhaft wiegend im Gangwerk, in schnellem Tempo den Eindruck einer rollenden Kugel erweckend." Das Gangwerk des Tibet Terriers zeichnet sich aus durch den raumgreifenden, fließenden, mühelosen Schritt und eine völlige Gelöstheit im Trab. Behendigkeit sowie die Fröhlichkeit und Bestimmtheit seines Charakters sollen sich auch in seinem Gangwerk widerspiegeln. Die Vorder- und Hintergliedmaßen werden in paralleler Spur zueinander geführt, während im Trab die Läufe nahe an die Schwerpunktlinie (Mittellinie) herangeführt werden. Typische Vorhandfehler entstehen u. a. durch ausgedrehte Ellenbogen. Es sieht so aus, als ob der Tibet Terrier „über den großen Zeh" laufen würde. Häufig überkreuzen die Vorderpfoten dabei die Schwerpunktlinie. Aber auch kurze, trippelnde Schritte oder Pfoten und Beine der Vorhand, die zu hoch geworfen werden (steppender Gang), deuten auf Fehler im Skelett hin. Dies gilt sinngemäß auch für die Stellungsanomalien der Hinterhand. Ein zu enger Stand, bei dem sich die Knie aneinander reiben, einwärts gedrehte Sprunggelenke (kuhhessig) sowie faß- oder o-beiniger Stand, die den Bewegungsablauf stören, sind als Fehler anzusprechen, ebenso wie eine nicht genügend gewinkelte, steile Hinterhand, die nicht genügend Schub entwickelt.

Haarkleid. Der Tibet Terrier besitzt ein doppelschichtiges Haarkleid. Das Unterhaar ist weich und wollig, das Oberhaar dünn und von verschwenderischer Fülle, doch keinesfalls seidig oder wollig. In seiner Textur ist es mit dem menschlichen Haar zu vergleichen. Das Deckhaar kann schlicht oder leicht gewellt sein. Als untypisch gilt dicht gekräuseltes oder lockiges Haar wie bei einem Pudel. Das Oberhaar ist lang, doch sollten menschliche Eitelkeiten nicht dazu verführen, daß es bis zum Boden gereicht. Das Haarkleid eines Welpen ist naturgemäß kürzer, weicher in der Textur und noch ohne Unterwolle. Diese entwickelt sich im Laufe der nachfolgenden Monate. Die erste Unterwolle

Champion „Leon“, goldzobel, in üppiger Haarpracht

des „Baby-Haars“ wird – jahreszeitlich bedingt – von den nachwachsenden Haaren etwa in einem Alter von etwa zehn bis zwölf Monaten „abgestoßen“, so daß der Hund zu diesem Zeitpunkt einer besonderen Pflege bedarf. Auch das Deckhaar hat nunmehr fast die Länge des erwachsenen Hundes erreicht. Zu seiner vollen Entfaltung kommt es allerdings erst in den nächsten 3 bis 4 Jahren.

Farbe. Der Tibet Terrier wird nicht nach bestimmten Farben gezüchtet. Alle Farben oder Kombinationen von Farben sind erlaubt, mit Ausnahme von schokoladen- oder leberbraun. Welche Gründe dazu geführt haben, diese Farben als fehlerhaft zu bezeichnen und Hunde dieser Couleur von Zuchtschauen auszuschließen, ist nicht ersichtlich. Möglicherweise liegt es an der Unbeweglichkeit des Standards, der bezüglich der Pigmentierung von Nase und Augenlidern keine andere Alternative als schwarz zuläßt. Ob das Sinn macht, sei einmal dahin gestellt. Es gibt

Weiß-goldfarbene Hündin mit schwarzen Ohrtips, Haar in voller Länge, schlicht fallend

genügend Hinweise, daß die Einbeziehung des Braunkomplexes als eine weitere Farbnuance noch keiner Rasse geschadet hat. Hier sei nur auf den Standard des Lhasa Apso, des Tibet Spaniel und des Shih Tzu verwiesen, in denen ausnahmslos alle Farben einbezogen sind. Aufgrund der häufigen Farbveränderungen, die nicht nur mit zunehmendem Alter, sondern auch jahreszeitlich bedingt auftreten, könnte man den Tibet Terrier auch als das Chamäleon unter den Hunden bezeichnen. Rotgold geborene Hunde hellen beispielsweise auf, über ein Hellgold bis hin zum völligen Verblassen des Goldtones, so daß der Tibet Terrier fast weiß erscheint. In einem vormals lackschwarzen Fell wachsen graue Strähnen. Es kann sich auch zu einem rauchfarbenen Fell wandeln. Auch dunkel-zobelfarbene Hunde hellen auf und verändern ihre Farbschattierungen. Neben diesen stets in Richtung Farbaufhellung gehenden Veränderungen beobachten wir, daß bei scharfen Farbabgrenzungen, wie wir sie in der Wurfkiste vor allem bei zwei- oder dreifarbigen Welpen vorfinden, die unterschiedlich gefärbten Partien später im langen Haar an der Oberfläche ineinander fließen: sie verwaschen. Die erwachsenen Hunde erscheinen dann relativ uni grau oder relativ uni fauve. Dies kann auch bei den Hunden mit gescheckten Fell auftreten.

Zwei, die sich verstehen

Größe. Im Standard des Englischen Kennel Clubs aus dem Jahre 1950 wird die Größe der Rüden in der Spannweite von 14 inches bis 16 inches angegeben, das entspricht, in unser Maßsystem übertragen, 35,6 cm bis 40,6 cm. Hündinnen, so der Standard, sollen geringfügig kleiner sein. Von diesen Größen, gemessen am Widerrist, geht auch der heutige FCI-Standard aus und läßt damit Spielraum für den „Geschmack" eines Züchters, ob er seine Zucht bezüglich der Größe der Tiere ins Maximum oder Minimum ausrichtet. Das Überschreiten bzw. Unterschreiten dieser Grenzwerte sollte jedoch als fehlerhaft betrachtet werden. Eine Tolerierung führt dazu, daß bereits Rüden von 43 cm bis 45 cm und Hündinnen von 41 cm Widerristhöhe keine Seltenheit mehr sind. Als Extreme zur anderen Seite sind beispielsweise Hündinnen von 33 cm Widerristhöhe. Das sind Tibet Terrier, die in der Regel zu zartknochig und leibarm sind und nicht mehr quadratisch erscheinen. Nach Auffassung von Tempest, Mitherausgeber des „Illustrated Standard", sind derartige Untergrößen als fehlerhaft einzustufen und viel gravierender als ein geringfügiges Überschreiten der oberen Toleranzgrenzen. Um eine gewisse Einheitlichkeit auch in der äußeren Erscheinung zu erzielen, bei der sich im Schauring nicht Rüden mit den Toleranzmaßen von 35,6 cm und Hündinnen von 40,6 cm gegenüber stehen, kann es nur Ziel aller Züchter und Zuchtrichter sein, einen Mittelwert zu erreichen. Dieser würde m. E. bei Rüden 38 cm und bei Hündinnen etwa 36,5 cm bis 37 cm Widerristhöhe betragen.

Ein Tibet Terrier soll ins Haus

Einige Vorüberlegungen

Im Laufe der Jahrtausende hat sich der Hund zum liebsten vierbeinigen Hausgenossen des Menschen entwickelt. Aus dem einstigen Jagd- und Kampfgefährten der Vorzeit ist der Hirtenhund, Wach- und Haushund sowie der Jagd- und Luxushund geworden. Darüber hinaus ist er für viele Hundebesitzer Kinderersatz, Lebenskamerad oder Spielgefährte der Jugend. Die Entwicklung des Urhundes aus seinem Vorfahren, dem Wolf, zu seiner heutigen Form wurde möglich durch eine sich stetig in ihren Wünschen ändernde Zivilisation, die seine Mutationen pflegte und weiterzüchtete. Wenn auch der Hund die geistige Entwicklung, die das Menschengeschlecht erfuhr, aufgrund seiner Natur nicht mitvollziehen konnte, so hat er doch die wundervolle Eigenschaft entwickelt, seine ererbten Triebe und Instinkte seiner sich wandelnden Umwelt anzupassen und seine Bedürfnisse einigermaßen zu befriedigen.

Der Hund ist ein geselliges Tier und kommt aus der Meute; er kann nur innerhalb einer Gemeinschaft körperlich und seelisch gedeihen. Dort, wo er nicht mehr in der Gesellschaft seiner Artgenossen lebt, muß ihm der Kontakt mit dem Menschen die Meute ersetzen, sonst geht er zugrunde. Er braucht bis ins hohe Alter hinein für seinen Körper ausreichende Bewegung, für seinen Geist das Spiel, die Aufgabenstellung und die Teilnahme am täglichen Geschehen. Der Hund ist heute nicht nur auf den Menschen angewiesen, sondern ihm ausgeliefert. Der Mensch hat damit die Verpflichtung übernommen, sich seiner mit Liebe und Sorgfalt anzunehmen. In jüngster Zeit ist zunehmend öffentliche Kritik an einer vermenschlichenden, dem Tier nicht gerecht werdenden Hundehaltung zu vernehmen. Das andere Extrem bildet der in seiner Gefühlswelt verarmte und skrupellos gewordene Wohlstandsbürger, der die Ware Hund im Warenhaus oder Handel bezieht und sie wegwirft, wenn er ihrer überdrüssig geworden ist. Vorab sei daher ein Appell an jeden gerichtet, der sich einen Hund – gleich welcher Rasse – anschaffen möchte. Ergründen Sie, ob Sie alle inneren und äußeren Voraussetzungen für die Haltung eines Hundes mitbringen, der Ihnen viele Jahre Gefährte sein soll. Fragen Sie sich, ob Sie bereit sind, liebgewordene Bequemlichkeiten aufzugeben für ausgedehnte Spaziergänge, tägliches Gassigehen und Spielen mit Ihrem Hund. Werden Sie in der Lage sein, ihm täglich sein Futter zu bereiten und ihn zu pflegen, oder haben Sie einen dienstbaren Geist, der Ihnen diese Arbeit freudig abnimmt? Kinder wünschen sich zwar oft einen Hund und versprechen, seine Pflege zu übernehmen, aber am Ende verbleibt doch diese Last bei der Frau des Hauses. Werden Sie Ihrem Hunde zuliebe auf Urlaubsorte verzichten, wenn er dort unerwünscht ist? Und schließlich müssen Sie sich fragen, ob Sie genügend Geduld und pädagogisches Geschick haben, Ihren Hund so zu erziehen, daß er sich nicht zu Ihrer und Ihrer Nachbarn Plage entwickelt? Bedenken Sie bitte, daß zur Unterbringung und Pflege des Hundes außer den nicht unerheblichen Anschaffungskosten eine regelrechte Ausstattung gehört. Kein Hund läßt sich mit den Resten des Mittagstisches und von Küchenabfällen ernähren. Eine tägliche Summe für sein Futter muß also eingeplant werden. Sobald Ihr Hund drei Monate alt ist, verlangt auch der Fiskus regelmäßig seinen Tribut in Form der Hundesteuer. Diese Abgabe ist eine kommunale Steuer und von Ort zu Ort unterschiedlich. Und denken Sie daran, daß eigentlich jeder Hund haftpflichtversichert sein sollte. Hundehalter unterliegen der Gefährdungshaftung für ihren Hund. Auch der gehorsamste Hund kann einmal über die Stränge schlagen, und sei es nur, daß er in einem unbewachten Augenblick auf die Straße läuft und dort einen Unfall verursacht.

Nicht alle Hundekäufer sind in der glücklichen Lage, in einem Eigenheim zu wohnen oder gar auf dem Lande, mit Garten, wo sich ein Hund ungezwungen austoben kann. Als Mieter einer Wohnung ist man dem Hauseigentümer gegenüber verantwortlich und zu erhöhter Rücksichtnahme gegenüber anderen Mietparteien gezwungen. Das Zusammenleben wird geregelt durch eine besondere Hausordnung und einen Mietvertrag, der oft das Halten eines Hundes untersagt. Ein offenes Wort mit Ihrem Vermieter und Ihren Nachbarn vor dem Kauf kann Ihnen viel Ärger ersparen. Zwar tendiert die deutsche Rechtsprechung zu der Auffassung, daß über das Vertragsrecht hinaus die Haustierhaltung unter dem besonderen Schutz des Persönlichkeitsrechtes steht, doch Prozesse sind immer unerfreulich, und wenn Sie keine Einigung erzielen, sollten Sie vorerst – wenn auch schweren Herzens – auf den Kauf eines Hundes verzichten.

Kauf beim Züchter

Sie haben sich ernstlich geprüft und bleiben bei Ihrem Entschluß? Nun, dann kommt unweigerlich für den

„Hundelaien“ die Frage: „Wo kann ich solch einen Hund käuflich erwerben?“ Um es vorweg zu sagen, einen Tibet Terrier kauft man nur beim Züchter! Anschriften hierzu vermitteln dem zukünftigen Hundebesitzer der „Verband für das Deutsche Hundewesen e. V.“ (VDH) oder die unter dem Patronat des VDH stehenden betreffenden Zuchtvereine, deren Anschriften Sie im Anhang dieses Buches finden.

Der Käufer kann sich beim Züchter genau orientieren, woher sein Hund kommt, von welchen Elterntieren er abstammt, wie er aufgezogen und gefüttert wurde und gegen welche Krankheiten er bereits eine Grundimmunisierung erhalten hat. Ein guter Züchter wird immer bereit sein, dem Unerfahrenen bei der Auswahl und später bei der Aufzucht und Pflege des Welpen zu helfen. Natürlich sind auch Züchter nicht frei von menschlichen Schwächen, wenn es um die Anpreisung und den Verkauf ihrer Welpen geht. Lassen Sie sich nicht beeindrucken durch den Begriff „Hobbyzüchter“. Auch dort bekommen Sie nichts geschenkt. Wer als Züchter mehr als drei zuchtfähige Hündinnen hält, unterliegt nach dem

Eine fürsorgliche Hündin mit vier Tage alten Welpen in der Wurfkiste

Tierschutzgesetz der zusätzlichen Kontrolle durch den Amtstierarzt der zuständigen Veterinärbehörde. Gewerbsmäßige Züchter sind von der Mitgliedschaft in einem Verein des VDH ausgeschlossen. Einen abschließenden Rat möchte ich Ihnen mit auf den Weg geben: Kaufen Sie keinen Hund spontan! Suchen Sie mehrere Zwinger auf; vergleichen Sie, denn auch zum Züchter müssen Sie Vertrauen finden.

Kauf beim Hundehandel

Das Geschäft mit Hunden hat viele unseriöse Händler auf den Plan gerufen, die von gewissenlosen Züchtern mit der „Ware" Hund beliefert werden. In zahlreichen Presseveröffentlichungen ist auf die Praktiken dieser Vermehrungsbetriebe und über den Vertrieb über den Handel hingewiesen worden. Laien fallen leider immer wieder darauf herein, da sie aus Erbarmen dort einen der kleinen Kerle aus einem der Glaskästen oder Käfige erlösen möchten, um ihm ein besseres Zuhause zu bieten. Händler spekulieren gern mit der Mütterlichkeit vieler Frauen, die so ein drolliges, zottiges Hündchen „süß" und „niedlich" finden. In dieser Reaktion, die nach Konrad Lorenz auf einem „Kindchenschema" basiert, wird nicht selten der Wunsch manifest, einen in seiner Tolpatschigkeit hilflos und einsam wirkenden Welpen spontan zu erstehen. Welpen sind anfällig gegen Wurmbefall und Krankheiten, vor allem, wenn sie über den langen Weg des Handels endlich in die Hände eines Käufers gelangen. Um so größer ist der Schmerz, wenn ein kleiner Hund nach dessen Irrfahrt beim Tierarzt landet und die vernichtende Diagnose „nicht mehr zu retten!" lautet. Der Händler aber konnte inzwischen für einen „erlösten" Hund sein Lager wieder „auffüllen". Der Handel tarnt sich mit Namen. Also Vorsicht auch bei Annoncen wie dieser: „Hunde direkt vom Züchter, Pekinesen, Yorkshire, Bobtail, Westies, Zwergpudel, Tibet Terrier." Verkaufsangebote von mehr als zwei Rassen stammen meistens von Händlern. Wer die Praktiken des Hundehandels kennt, weiß, daß die Ahnentafel, Zeugnis der Abstammung und Rasseechtheit, nur auf Wunsch und Extrazahlung mitgeliefert wird. Da Hunde dort als Massenware eingeliefert werden, ist es zweifelhaft, ob die Ahnentafeln mit den Hunden übereinstimmen, für die sie ausgestellt wurden. Solche mitgelieferten und „untergeschobenen" Papiere werden daher auch nicht von den im Verband für das Deutsche Hundewesen zusammengeschlossenen Vereinen anerkannt.

Kauf aus der Tageszeitung

Manche Züchter annoncieren für den Verkauf ihrer Welpen in Hundefachzeitschriften, Wochenblättern und Tageszeitungen. Dagegen ist an sich nichts einzuwenden, wenn aus den Anzeigen hervorgeht, daß es sich um Hunde handelt, die aus einem vom Verband für das Deutsche Hundewesen e. V. anerkannten Verein stammen. In den Hundebörsen dieser Medien tummeln sich jedoch leider auch sogenannte Züchter, die „privat" züchten, das heißt, sich nicht den strengen Zuchtkriterien eines anerkannten Hundeclubs unterwerfen. Welpen aus solchen Zuchten besitzen keine Ahnentafeln, sie werden zumeist weit unter den üblichen Züchterpreisen angeboten. Laien sind häufig im guten Glauben, mit dem Erwerb eines solchen Hundes ein „Schnäppchen" erstanden zu haben. Doch schon bald müssen Sie enttäuscht erkennen, daß ihr Hund als Bastard anzusprechen ist und daß ihnen der Verkäufer weder mit Rat noch mit Tat bezüglich der Aufzucht und Pflege ihres Welpen zur Seite steht.

Auch das sollten Sie bedenken

Soll es ein Welpe oder ein älterer Hund sein?

Wer einen Tibet Terrier kaufen möchte, um von Anfang an zu erleben, wie sich unter eigener Fürsorge aus einem tolpatschigen Welpen ein erwachsener Hausgefährte entwikkelt, wird nicht zögern, ein junges, gerade eben der Mutter entwöhntes Tier zu wählen. Die Freude, solch ein Hundebaby oder „puppy" um sich zu haben, ist groß. Drei von vier zukünftigen Hundekäufern entscheiden sich deshalb für einen Welpen. Doch sollte man bedenken, daß Welpen unendlich viel Mühe, Geduld, Energie und Zeit erfordern, bis sie aus dem Gröbsten heraus sind, bis sie gelernt haben, ihre Bächlein und Häufchen nicht mehr beliebig in die Wohnung zu setzen, nicht mehr an den Teppichfransen oder den achtlos herumstehenden Schuhen der Kinder zu knautschen. Es dauert, bis sie nicht mehr infernalisch heulen, wenn sie einmal allein in der Wohnung bleiben müssen, und bis sie auf dem Trottoir manierlich neben uns gehen.

Wer zu sehr beschäftigt ist oder keine Geduld hat, sollte daran denken, einen Junghund, etwa 6 bis 9 Monate alt, zu nehmen. Er befindet sich immerhin noch in einem Alter, in dem ihm erworbene Unarten abgewöhnt werden können. Es muß ja nicht ein „Wildling" sein, der in einem Zwinger aufgewachsen und gehalten wurde, sondern es sollte ein Hund mit Familienanschluß sein, der aus den ärgsten Kindereien heraus ist und gelernt hat, sich wie ein erwachsener Vierbeiner zu benehmen. Bei einem noch älteren Hund, der bereits geprägt ist, gehört auf beiden Seiten schon sehr viel Einfühlungsvermögen dazu, um sich den jeweiligen Gewohnheiten anzupassen. Wer keine Erfahrung im Umgang mit Hunden hat oder lediglich einen Spielgefährten für seine Kinder sucht, dem rate ich hier ab. Ein Zeichen wahrer Tierliebe ist es allerdings, wenn man sich entschließt, einen solchen Hund, oft nicht mehr ganz jung und ohne Ahnentafel, vor dem Tierheim zu bewahren. Und noch eine persönliche Bemerkung sei mir gestattet: Ich hasse es, wenn ein Züchter seine alten Zuchthunde anbietet – ob Rüde oder Hündin –, um diese in „gute Hände" abzugeben, damit er Platz für jüngere schafft.

Rüde oder Hündin?

Diese Wahl sollten Sie nach persönlichem Geschmack treffen. Sie ist nur dann von besonderer Bedeutung, wenn gezüchtet werden soll. Dann muß es ohnehin ein weibliches Tier sein. Besteht in dieser Hinsicht aber kein Ehrgeiz, spielt das Geschlecht eigentlich nur eine untergeordnete Rolle; denn Vor- und Nachteile halten sich etwa die Waage. Hündinnen, so heißt es, sind anhänglicher, anschmiegsamer, ihre Unterordnung ist ihnen von Natur gegeben. Auch haben sie nicht die Gewohnheit, ihren Harn nur tröpfchenweise abzugeben. Sie entleeren ihre Blase meist auf einmal. Das erspart uns lange Wartezeiten beim täglichen Gassigehen.

Der Rüde ist in seiner ganzen Art etwas temperamentvoller und robuster und auch leicht zur Selbständigkeit neigend, wenn ihn der hinreißende Duft einer läufigen Hündin erreicht. Jeden Baum, jede Hausecke benutzt er gern als „Bedürfnisanstalt“, um sein Revier vor fremden Rüden abzustecken und der hundlichen Damenwelt zu zeigen, wer hier „zuständig“ ist. Damit haben wir auch das Hauptübel einer Hündin angesprochen: zumeist einmal im Jahr, vorwiegend im Frühjahr oder Herbst, wird sie läufig. Die erste Hitze oder Läufigkeit tritt im Alter von 7 bis 9 Monaten auf und kann sich bei spät entwickelten Tieren bis zu 12 Monaten verzögern. Ihre Duftnote, für menschliche Nasen nicht wahrnehmbar, lockt meilenweit die werbenden „Herren“ an, die das Haus ihrer Angebeteten umlagern. Dieser Zustand dauert etwa drei Wochen, in denen es heißt, die läufige Hündin unter „Quarantäne“ zu halten, um Mesalliancen zu vermeiden.

Das Problem läßt sich umgehen, wenn man seiner Hündin etwa 5 bis 6 Wochen vor der zu erwartenden Hitze vom Tierarzt eine Injektion geben läßt, die die Läufigkeit verhindert: eine sichere Methode, Hundenachwuchs zu verhindern. Außerdem gibt es Hilfsmittel in Form von Tabletten. Sie unterdrücken den Geruch, der den Rüden anzeigt, wo eine läufige Hündin zu finden ist. Im Hinblick auf die hormonelle Behandlung ist nachzutragen, daß die erste Läufigkeit durchgestanden werden muß und nicht unterdrückt werden darf. Häufig wird die Frage nach der Kastration einer Hündin gestellt, einer Operation, bei der die Eierstöcke und die Gebärmutter entfernt werden. Sie bewirkt eine zuverlässige Ausschaltung aller Sexualfunktionen. Die Hündin wird nicht mehr läufig, störende Blutflecken in der Wohnung treten nicht auf, der evtl. Ansturm der Rüden bleibt aus, und durch die hormonelle Ruhigstellung kommt es nicht mehr zur Scheinträchtigkeit mit ihren Folgen. Weitere Vorteile liegen in der Vermeidung von eventuell im späteren Alter auftretenden Mammatumoren (Brustkrebs),

Gebärmutterentzündungen oder Eierstocktumoren. Als nachteilig kann sich erweisen, daß kastrierte Hündinnen gefräßiger sind und das Futter besser verwerten als nicht kastrierte. Ein Hundehalter, der sich aus Mitleid von der bettelnden Hündin zu einer vermehrten Futtergabe verleiten läßt, muß sich also nicht wundern, wenn diese an Gewicht zunimmt. Bei manchen Hündinnen kommt es nach der Operation zu unwillkürlichem Harnträufeln (Harninkontinenz), einer Erscheinung, der man mit Medikamenten begegnen kann. Auch ist es möglich, daß die Kastration Fellveränderungen bewirkt, im Sinne von übermäßigem Wachstum der Unterwolle. Wer sich zu einer Kastration seiner Hündin entschließt, sollte dieses erst dann tun, wenn sie ganz erwachsen ist, also etwa nach der zweiten Läufigkeit.

Besitzern von Tibet Terriern, die Rüde und Hündin halten, rate ich zunächst zu einer Sterilisation (Eileiterdurchtrennung) der Hündin. So können sich beide einem ausgefüllten Familienleben hingeben, ohne daß sich unerwünschter Nachwuchs einstellt.

Eine stabile Hündin - darf ich mit ihr züchten?

Muß ich mit meiner Hündin züchten?

Manche Hündinnen – unabhängig davon, ob sie bereits Welpen hatten oder nicht – neigen zur Scheinträchtigkeit, deren Folgeerscheinungen für den Besitzer in der Regel als sehr lästig empfunden werden. Das Gesäuge schwillt an, es bildet sich Milch (Hexenmilch), und am Tage der Pseudogeburt baut sich die Hündin ein Nest, schleppt Spielzeug als ihren „Welpen" hinein und zeigt alle Zeichen der Mutterschaft. Normalerweise verliert sich dieser Zustand nach einigen Tagen. Tägliches Abreiben des Gesäuges mit Kampfersalbe oder verdünntem Alkohol sowie viel Bewegung in frischer Luft sorgen dafür, daß sie schneller über dieses Stadium hinwegkommt. Laienhaft ist die Vorstellung, daß die Hündin nach einer Trächtigkeit nicht mehr scheinträchtig werde, oder daß ein geringeres Risiko von Gebärmutterkrebs bestehe. Es gilt jedoch heute als erwiesen, daß es weder für die Gesundheit noch für die Wesensentwicklung von Hündinnen oder Rüden notwendig ist, sie einmal werfen beziehungsweise decken zu lassen.

Wer aus anderen Erwägungen züchten will, möge dies tun. Die erste Frage muß dann allerdings lauten: „Darf ich mit meiner Hündin züchten?"

Nun, wer diese Frage ehrlichen Herzens beantworten will, der sollte sich zunächst vergewissern, ob seine Hündin gesund und wesensfest ist und in allem den rassetypischen Eigenschaften entspricht. Wer nicht gedankenlos eine bloße Vermehrung anstrebt, der führt seine Hündin einem anerkannten Richter zur Beurteilung vor, zur Erlangung einer Zuchtzulassung. Die Zuchtvereine im VDH haben hierzu besondere Ausführungsbestimmungen erlassen. Nur mit dem Erwerb einer Zuchtzulassung hat der Züchter Anspruch auf Eintragung seiner Tiere in das Zuchtbuch und auf Ahnentafeln, aus denen die Rasseechtheit der Welpen hervorgeht. Schon mancher, der sich über diese Dinge hinwegzusetzen glaubte und „wild" gezüchtet hat, mußte erfahren, daß die Käufer seine Welpen als „mindere Qualität" einschätzten, wenn diese ohne Ahnentafel waren. Zum Züchten sollte sich nur derjenige verpflichten, der genügend Zeit, Platz für eine sachgemäße Unterbringung und Geld hat, um alle Voraussetzungen zu erfüllen, die das Wohlbefinden der Hündin und deren Welpen betreffen. Zum Rüstzeug des Züchters gehören außerdem bestimmte Grundkenntnisse der Vererbungslehre, des Geburtsablaufes sowie der Aufzucht der Welpen.

Kind und Hund

Es gibt nach meinen Erfahrungen wohl kaum eine andere Rasse, die Kindern gegenüber so aufgeschlossen und freundlich ist, wie der Tibet Terrier. Kinder sind – mit wenigen Ausnahmen – in ihrem Umgang mit den tierischen Hausgenossen unkompliziert, rein gefühlsmäßig suchen sie den Kontakt zum Hund. Der Hund genießt es, wenn die Kinder zu ihm auf sein Lager kommen (oder umgekehrt). Kleine Kinder und Welpen haben denselben Spieltrieb. Welpen, die mit Kindern spielen, entwickeln

Eine harmonische Beziehung wird sich entwickeln

sich schneller und fügen sich besser in die menschliche Gesellschaft ein. Ein Welpe ist jedoch kein Spielzeug für Kinder, das nach Belieben herumgestoßen, getriezt, geärgert oder gar gequält werden darf. Unter richtiger Anleitung der Eltern entwickeln Kinder sehr früh ein großes Verantwortungsgefühl für ihre vierbeinigen Hausgenossen.

Auswahl eines Welpen

Wenn Sie nur nach einem gesunden, attraktiven, aufgeweckten Familienhund suchen, lassen Sie sich bei der Auswahl ruhig von Ihren Gefühlen leiten. Manchmal ist es die Liebe auf den ersten Blick, und der Welpe hat Sie gewählt. Ein seriöser Züchter wird Sie gerne bei der Auswahl beraten und Ihnen die Unterschiede zwischen einem zukünftigen Ausstellungshund und einem pet dog (Schoßhund) nennen, wie die Angelsachsen einen rassereinen Hund, der nicht alle Anzeichen eines künftigen Siegers aufweist, nennen. Solche Unterschiede werden sich auch im Preis ausdrücken. Auf einige äußere Erscheinungsmerkmale können Sie selbst achten. So müssen bei einem gesunden Welpen Augen

Wer die Wahl hat – für wen soll ich mich entscheiden?

und Ohren frei sein von eitrigen gelblich bis grünlichen Ausflüssen.

Der Körper sollte muskulös sein, mit kräftigen Beinknochen, das Haarkleid gut riechend und frei von Schuppen und Ungeziefer. Welpen haben selbst innerhalb eines Wurfes sehr unterschiedliche Temperamente. Zuweilen finden Sie jene temperamentvollen Typen, die sich übertreffen in ihrer Selbstdarstellung und es verstehen, sich bei jedem Besucher ins rechte Licht zu rücken. Doch achten Sie auch auf die etwas stilleren Hunde; denn es ist ganz natürlich, wenn Welpen Fremden gegenüber zurückhaltend sind. Ein Welpe, der Ihre Anwesenheit toleriert, nachdem er gespürt hat, daß von Ihnen keine Gefahr droht, ist durchaus nicht als furchtsam zu bezeichnen. Losgelöst aus dem Rudel, als Einzelhund im Mittelpunkt der Familie, kann sich aus ihm durchaus ein quirliger kleiner Geselle entwickeln. Andererseits ist es nicht jedermanns Sache, täglich mit einem Hund voll überschäumenden Temperaments umgehen zu müssen.

Der Kauf eines Welpen ist Vertrauenssache. Ein ordentlicher Züchter wird Sie darin unterstützen, den gekauften Welpen einem Tierarzt Ihrer Wahl vorzustellen. Doch müssen Sie dies umgehend tun, um bei festgestellten gesundheitlichen Mängeln unter Umständen den Welpen zurückgeben und sich einen anderen aus dem Wurf aussuchen zu können oder Ihr Geld zurückzuerhalten.

Ahnentafel und Impfpaß

Wenn Sie einen rassereinen Hund beim Züchter erwerben, erhalten Sie eine Ahnentafel, ausgestellt vom „Verband für das Deutsche Hundewesen“ e. V. (VdH) oder von einem Rassehundezuchtverein, der diesem Verband angeschlossen ist. Eine Ahnentafel ist eine Urkunde im juristischen Sinne. Sie gehört untrennbar zum Hund und ist bei dessen Verkauf ohne Aufpreis an den Käufer weiterzugeben. Die Ahnentafel enthält außer dem Namen des Züchters und des ausstellenden Verbandes eine ganze Reihe wichtiger Angaben, wie Rassebezeichnung, Ruf und Zwingernamen des Hundes, Geschlecht, Geburtsdatum, Farbe, Eltern und weitere Vorfahren bis zu den Urgroßeltern oder Ur-Urgroßeltern. Der Züchter hat durch seine Unterschrift die Richtigkeit dieser Angaben zu bestätigen. Für den Nachweis der Rassereinheit haben die Verbände für die von ihnen betreuten Rassen ein Zuchtbuch angelegt, in dem die Ahnen, die Geschwister und die Nachfahren eines Hundes genau mit Nummern erfaßt werden.

Im Ausland gilt das sogenannte Kennelprinzip. Dort sind die Züchter alle einem Dachverband angeschlossen und lassen in ein gemeinsames

Zuchtbuch eintragen. Der Kynologe erkennt die Echtheit dieser Eintragung – und darauf sollte auch der Käufer achten – an der aufgedruckten Abkürzung „FCI“ (Fédération Cynologique Internationale). Dies ist eine weltweite Vereinigung mit Sitz in Belgien, der alle Länderorganisationen angeschlossen sind und in der gemeinsame Beschlüsse zur Einhaltung des Rassestandards, über das Führen von Zuchtbüchern, das gemeinsame Ausstellungswesen u. a. gefaßt werden.

Bei der Übergabe des Hundes wird dem Käufer ein internationaler Impfpaß ausgehändigt, der Auskunft darüber gibt, welche Schutzimpfungen gegen infektiöse Erkrankungen bereits verabreicht wurden. Sollte Ihr Hund einmal Fieber haben, wird der Tierarzt Sie zunächst nach dieser Impfkarte fragen. Beim grenzüberschreitenden Reiseverkehr ist dieser Paß stets mitzuführen, da aus ihm auch ersichtlich ist, ob Ihr Hund gegen Tollwut geimpft wurde.

Der Kaufvertrag

Haben Sie den Welpen Ihrer Wahl gefunden und entspricht auch der Preis Ihren Vorstellungen, steht dem Abschluß des Kaufes eigentlich nichts im Wege. Für den Kaufvertrag ist gesetzlich keine bestimmte Form vorgeschrieben. Er kann demnach auch mündlich geschlossen werden. Es empfiehlt sich jedoch die Abfassung eines kurzen schriftlichen Vertrages, der folgende wesentlichen Bestandteile enthalten soll: Name und Wohnort der Vertragspartner, Kurzbeschreibung des Tibet Terriers, Kaufpreis, Zahlungsbedingungen, Erfüllungsort, Regelung des Transports, eventuell zusätzliche Vereinbarungen oder Garantien des Verkäufers, zuletzt Ort, Datum und Unterschrift der Partner. Die Ausfertigung nimmt man am besten in zwei Exemplaren vor, von denen Verkäufer und Käufer je eines erhalten. Für alle Rechtsfragen ist das Bürgerliche Gesetzbuch (BGB) zuständig. Enthält der Vertrag in seiner Abfassung Unklarheiten, ist deswegen auch im Falle eines späteren Rechtsstreites noch nicht alles verfahren. Zunächst kommt nämlich der § 133 BGB zur Anwendung, der besagt: „Bei der Auslegung einer Willenserklärung ist der wirkliche Wille zu erforschen und nicht an dem buchstäblichen Sinne des Ausdrucks zu haften.“ Dann folgt sinngemäß der § 157 BGB: „Verträge sind so auszulegen, wie Treu und Glauben mit Rücksicht auf die Verkehrssitte es erfordern.“ Meist geht der Besitzwechsel ohne Schwierigkeiten vonstatten. Kritisch wird die Sache erst, wenn sich bei dem gekauften Tibet Terrier Mängel zeigen, sei es, daß der Gesundheitszustand bedenklich ist, sei es, daß der Tibet Terrier eine ausdrücklich bedungene Eigenschaft in Wirklichkeit nicht mitbringt oder sonstige verborgene Fehler im nachhinein auftreten. Zur Beruhigung angehender Käufer sei gesagt, daß in Deutschland alle Möglichkeiten eines Kaufs bereits seit langem gesetzlich geregelt sind, so daß sie von jedermann gelesen und auch verstanden werden können: „Der Verkäufer einer Sache haftet dem Käufer dafür, daß sie zu der Zeit, zu welcher die Gefahr auf den Käufer übergeht, nicht mit Fehlern behaftet ist, die den Wert oder die Tauglichkeit zu dem gewöhnlichen oder dem nach dem Vertrage vorausgesetzten Gebrauch aufheben oder mindern. Eine unerhebliche Minderung des Wertes oder der Tauglichkeit kommt nicht in Betracht. Der Verkäufer haftet auch dafür, daß die Sache zur Zeit des Überganges der Gefahr die zugesicherten Eigenschaften hat" (§ 459 BGB). „Der Verkäufer hat einen Mangel der verkauften Sache nicht zu vertreten, wenn der Käufer den Mangel bei dem Abschluß des Kaufes kennt ..." (§ 460 BGB).

Wegen eines Mangels, den der Verkäufer zu vertreten hat, kann der Käufer Rückgängigmachung des Kaufes (Wandelung) oder Herabsetzung des Kaufpreises (Minderung) oder sogar Schadenersatz wegen Nichterfüllung verlangen, wenn eine zugesicherte Eigenschaft fehlt oder der Verkäufer einen Fehler arglistig verschwiegen hat. Außer bei arglistigem Verschweigen verjährt die Einspruchsfrist in 6 Monaten von der Ablieferung an. Der Gesetzgeber erlaubt, vertraglich Gewährleistungen auszuschließen und die Fristen zu verändern. Davon machen natürlich kluge Verkäufer Gebrauch. Deshalb schließe ich, indem ich noch einmal einen Rat ausspreche: Im Zweifelsfalle ziehen Sie einen Tierarzt zu Rate!

Im Spiel mit den Rudelmitgliedern

Gewöhnung und Erziehung

Entwicklungsstufen, die Sie beachten sollten

Entwicklungsmäßig werden Hundewelpen auf einer relativ tiefen Entwicklungsstufe geboren, nämlich blind und taub. In den ersten 2 Lebenswochen, die von der Wissenschaft als **vegetative Phase** bezeichnet werden, ist die Tätigkeit des Welpen auf die Befriedigung seiner organischen Bedürfnisse ausgerichtet. Hunger, Durst, Kälte und Hitze aktivieren seine Reaktionen. Geruchsreize leiten den gesunden Welpen unmittelbar nach der Geburt zum mütterlichen Körper hin. Bei Kälte kriecht er winselnd im Kreis herum, bis er auf eine Wärmequelle stößt. Dies ist entweder die Mutter oder aber es sind die Geschwister. Es kommt dann zum bekannten „auf dem Haufen Liegen" der Welpen. Die stimmlichen Äußerungen des neugeborenen Welpen sind bereits recht vielfältig. Sie lösen bei einer instinktsicheren Hündin die entsprechenden mütterlichen Reaktionen aus. Damit dieses angeborene, von Trieben und

... und mit seiner Mutter sammelt der Welpe seine Erfahrungen

Instinkten geleitete Entwicklungsprogramm ablaufen kann, hat der Züchter dafür zu sorgen, daß die rassespezifischen Umweltansprüche für die Aufzucht eines Wurfes erfüllt werden. Nach einer Übergangsphase, in der sich Gesichts- und Gehörsinn entwickeln, setzt etwa mit dem Ende der 3. Lebenswoche fast schlagartig eine Phase vielseitiger Kontaktaufnahme mit der Umwelt ein. Die Welpen sind außerordentlich sensibel und verarbeiten gute oder schlechte Umwelteinflüsse so, daß sie zeitlebens nicht mehr vergessen werden. In dieser Phase, der sogenannten **Prägungsphase** (4. bis 7. Woche), werden die entscheidenden Weichen für die Entwicklung des Welpen zu einem aufgeschlossenen, lernfähigen und verhaltenssicheren Hund gestellt. Der große Verhaltensforscher Konrad Lorenz hat den Begriff der Prägung im Bereich der Lebewesen als einen extrem kurzen, aber irreversiblen Lernvorgang definiert. Neben den Erfahrungen, die der Welpe im Spiel und in den Rangordnungskämpfen seines Rudels sammelt, lernt er nunmehr, sich mit einem neuen Sozialpartner auseinanderzusetzen, dem Menschen.

6 Wochen alte Welpen, nichts ist vor der Rasselbande sicher

Schon bald müssen wir uns trennen

Erfahrungen, die der Welpe in diesem Lebensabschnitt mit dem Menschen macht, beeinflussen nachhaltig sein späteres Zusammenleben mit ihm; sie prägen ihn auf den Menschen. Dem Züchter erwachsen aus diesen wissenschaftlich fundierten Erkenntnissen, denen er sich nicht entziehen darf, Pflichten. Im liebevollen Spiel mit seinen Welpen, die sich ihm zutraulich nähern, durch körperlichen Kontakt, durch Streicheln und Auf-den-Arm-Nehmen entwickelt sich eine Atmosphäre des Vertrauens. Dies stellt die Grundlage für die Bindung an den Sozialpartner Mensch dar. Hunde, bei denen versäumt wurde, sie durch Sozialkontakt auf den Menschen zu prägen, bleiben auch nach jahrelangem Zusammenleben mit ihnen scheu und

Wer spielt mit mir?

14 Wochen alter Welpe, allein auf Entdeckungsreise

zurückhaltend. Negative Erfahrungen einer schlechten Kinderstube, die sich vielleicht im nachfolgenden Erziehungsprozeß überspielen lassen, können sich später in unkontrollierten Reizhandlungen entladen. Welpen, die in dieser Zeit aus dem Nest genommen werden, sind anfällig gegen Krankheiten und bleiben nicht selten in ihrem Wachstum zurück. Nur gewissenlose Züchter stoßen ihre Welpen bereits zu dieser Zeit ab.

Zwischen der 8. und 12. Lebenswoche wechseln die meisten Welpen ihre Besitzer. Das Rudel wird aufgelöst, an seine Stelle tritt die Gemeinschaft mit dem Menschen, der nunmehr das weitere Schicksal des ihm anvertrauten Hundes in der Hand hat. Der Welpe befindet sich zu diesem Zeitpunkt in der nächsten sensiblen Phase, der sogenannten Sozialisierungsphase. Er ist empfänglich für jede Art der menschlichen Zuwen-

Auch erwachsene Hunde suchen nach einer spielerischen Beschäftigung

dung, auf deren Basis er ein Vertrauensverhältnis zu seinem neuen Besitzer aufbauen kann. Dies wiederum bildet die wesentliche Grundlage für die nötige Selbstsicherheit und für seine Wesensfestigkeit. Lernfähigkeit und Lernbereitschaft sind in diesem Lebensabschnitt besonders stark entwickelt. Anknüpfend an die Welpenspiele des Rudels gilt es nunmehr, die Erziehung einzuleiten, und zwar spielerisch, mit Lob und Tadel, doch niemals in Form einer rigiden Dressur, bei der die Persönlichkeit unseres feinfühligen Tibet Terriers zerstört würde. Seinen Spieltrieb sollte der heranwachsende Junghund auch mit anderen Artgenossen ausleben dürfen. Hunde, die in der sensiblen Phase der Sozialisierung isoliert gehalten werden und beispielsweise auf Spaziergängen, in fremder Umgebung und allen damit zusammenhängenden Situationen keine Erfahrungen machen können, unterliegen sehr leicht dem sogenannten „Kaspar-Hauser“- oder Isolations-Syndrom. Sie entwickeln Verhaltensstörungen, sind mißtrauisch, schreckhaft und haben extreme Angst beim Spazierengehen und bei der Annäherung von Hunden. Andererseits zeigen sie in ihrer gewohnten Umgebung häufig ein hyperaktives Verhalten. Hundehalter haben dann nicht selten Mitleid mit ihrem kleinen Schutzbefohlenen. Sie versuchen ihn zu beruhigen, indem sie besänftigend auf ihn einreden, ihn streicheln oder ihn gar in die Arme nehmen. Das ist eine vollkommen falsche Reaktion, denn der Hund wird für seine Angst oder gar lautstarken Panikanfälle durch Zuwendung „belohnt" und in einer ähnlichen Situation zukünftig noch früher oder stärker seine Ängste zeigen. Solche regelrecht anerzogenen Phobien lassen sich häufig nur recht mühsam durch eine gezielte Desensibilisierung der angstauslösenden Reize auflösen. Dabei wird der Hund langsam an die für ihn kritische Situation herangeführt und von seinem Herrchen gelobt (positive Erfahrung), wenn er sich richtig verhält. Um solche Erfahrungsdefizite in dieser Entwicklungsphase auszugleichen oder gar nicht erst aufkommen zu lassen, sollten Welpen möglichst früh an sinnvoll gestalteten Welpenspielgruppen teilnehmen, wie sie allenthalben von Hundeschulen oder Hundevereinen angeboten werden. Die Wissenschaft hat die zwei folgenden Entwicklungsstufen der hundlichen Verhaltensweisen mit den Begriffen **Rangordnungsphase** (13. bis 16. Woche) und **Rudelordnungsphase** (5. bis 6. Monat) belegt. Sie umfassen eine Zeit, in der unsere Hunde sich noch im „Lausbubenalter" befinden. Sie sind sehr verspielt, zu allen möglichen Streichen aufgelegt und allem Neuen gegenüber aufgeschlossen. Welpen und Junghunde sind in diesen Stadien formbar und finden über das Spiel leicht zu dem disziplinierten Verhalten, das wir im Umgang mit ihnen erwarten. Es ist ihnen von Natur gegeben, daß sie sich in ihrer menschlichen „Ersatzmeute", in der sie den Status des Rangniedrigsten haben sollten, willig einordnen und die Autorität des „Rudelführers" anerkennen. Es folgt die sogenannte **Pubertätsphase**, die etwa den 7. bis 12. Monat umfaßt, doch sich individuell auch länger erstrecken kann. Es ist die Zeit der Geschlechtsreife, des Erwachsenwerdens, von der G. Niepel schreibt: „Diese Phase kann Hundehalter zur Verzweiflung treiben: Nicht anders als der jugendliche Mensch sucht auch der heranreifende Hund seinen Platz in und außerhalb der Familie – und eckt dabei gehörig an." Während Ihr Hund bislang ein folgsamer Begleiter gewesen ist, will er nunmehr herausfinden, wo er in der Hierarchie des Familienrudels steht, wer zukünftig der Boß ist. Er versucht Sie auszutesten. Das beginnt eher harmlos, Schritt für Schritt, durch die Nichtbefolgung von Befehlen, der Nichtbeachtung von gesetzten Tabus. Aber auch im Außenverhältnis zu anderen Hunden ändert sich sein Gehabe. Hat er bislang mit anderen Hunden schön friedlich gespielt, so entwickelt er sich plötzlich zum Raufer. Doch während Ihr Hund auf der einen Seite gerade den Macho herausgekehrt hat, kann er auf der anderen Seite sehr sensibel sein. Er ist beleidigt, wenn Sie ihm versehentlich auf den Fuß treten oder ihn in scharfem Ton zurechtweisen. Unvorhersehbaren Situationen begegnet er schreckhaft und ängstlich. Natürlich sind auch Hündinnen gegen derartige Wandlungen nicht gefeit. Sie werden „zickig“, schnappen nach fremden Welpen, die sich ihnen zutraulich nähern und beißen zähnefletschend Rüden ab, die den Versuch machen, an ihrem hinteren Körperteil zu schnuppern. Als Besitzer eines solchen Tieres sollten Sie nicht an Ihren bisherigen Erziehungskünsten zweifeln, sondern ruhig und konsequent Ihren Weg gehen, um gemeinsam mit Ihrem Liebling diese Zeit seiner Selbstfindung zu überwinden. Nicht übertriebene Härte ist angebracht, sondern Verständnis und vermehrte Beschäftigung, indem Sie Ihrem Hund Aufgaben stellen, um seine Gefühle zu kanalisieren. Ob das auf dem Hundeplatz mit Unterordnungsübungen geschieht oder in Form anderer

Wer kann bei diesem Blick „Nein“ sagen?

Hundesportarten (wie Agility, Obedience u. a.), oder ob Sie ihn nur Stöckchen oder Bällchen bringen lassen, ist schließlich egal, wenn Sie damit gestärkt und im Team mit Ihrem Partner Hund diese kritische Phase überwinden.

Grundregeln der Erziehung

Wie jedes Familienmitglied, hat auch der neue Hausgenosse zu lernen, sich an bestimmte Regeln des Zusammenlebens zu gewöhnen. Die Anerziehung muß bereits im Welpenalter beginnen. Doch es hat natürlich keinen Sinn, den Welpen sofort mit allen erzieherischen Maßnahmen zu überschütten und zu verwirren. Erziehung ist eine Bildung von Gewohnheiten. Das erfordert Geduld und Aufmerksamkeit, und manche vernünftigen Handlungen, die Sie Ihrem Hund „anerziehen" wollen, müssen oft wiederholt werden. Machen Sie sich frei von der Vorstellung, daß Ihr Tibet Terrier logisch zu denken oder nachzuahmen vermag. Er kann lernen, auf

Tibet Terrier lieben den Komfort – man wehre den Anfängen

Ein Knochen aus Büffelhaut lenkt von den Teppichfransen ab

bestimmte Töne oder Zeichen zu reagieren. Dabei entwickelt sich ein wunderbares Erinnerungsvermögen. Je mehr Sie mit Ihrem Hund üben, desto leichter lernt er. Doch, fangen Sie nicht mit einer Erziehungslektion an, wenn Sie diese nicht konsequent zu Ende führen wollen. Wenn Sie „Nein" sagen, muß es bei einem „Nein" bleiben, und Sie dürfen nicht heute etwas erlauben, um es morgen zu verbieten. Ein Welpe ist bereits reif genug zu lernen. Wenn er an Teppichfransen oder Möbeln nagt, wenn er in seiner Neugier versucht, den Inhalt des Papierkorbes zu erforschen, sich in ein verbotenes Zimmer begibt oder auf der Couch räkelt – Ihre Reaktion muß „Nein" sein.

Junge Hunde haben ein sehr feines Gespür, was sie dürfen und was nicht. Schon den scharfen Tonfall Ihrer Stimme verbinden sie mit etwas Unangenehmem. Manche Burschen sind von Natur aus renitenter. Als sinnvoll hat sich erwiesen, stets eine kleine Dose, gefüllt mit einigen Kieselsteinen, bereitzuhalten. Werfen Sie diese, gewissermaßen als Deus ex machina, in seine Richtung. Das scheppernde Geräusch wird ihn erschrecken und lehren, daß er etwas Verbotenes tut. Doch Sie müssen das unmittelbar dann tun, wenn Sie ihn bei einer Untat erwischen, denn kurze Zeit später stellt sich für ihn kein Zusammenhang mehr her. Lob und Tadel sind der Zugang des Menschen in die Welt des Hundes. Loben Sie Ihren Hund, wenn er begriffen hat, was Sie von ihm wollen.

Die erste Nacht im neuen Heim

Die Trennung aus einer gewohnten Umgebung und der Verlust seiner bisherigen, ihm Geborgenheit gebenden vierbeinigen Großfamilie sind für Ihren Welpen einschneidende Erlebnisse, die ihn verwirren und ängstigen. Hunde sind zwar sehr anpassungsfähig, und auch Ihr zukünftiger Hausgenosse wird das sein. Das neue Frauchen oder Herrchen sollte sich aber überlegen, wie sie ihm den Übergang erleichtern. Ersparen Sie ihm nach Möglichkeit die gräßliche Enge einer Transportkiste und holen Sie ihn selbst beim Züchter ab. Wenn es früh am Tage geschieht, hat Ihr Vierbeiner genügend Zeit, sich in seinem neuen Heim zurechtzufinden. Besser ist es, sich das Wochenende oder gar einige Ferientage für die Eingewöhnung Ihres Welpen freizuhalten. Ein gewissenhafter Züchter wird Ihnen gerne einen Ernährungsplan aushändigen, aus dem zu ersehen ist, wie Ihr Welpe bisher ernährt worden ist. Eine plötzliche Futterumstellung in neuer Umgebung kann bei ihm sonst leicht zu Verdauungsstörungen führen. Am ersten Tag gilt es, ihm den Trennungsschmerz zu erleichtern. Sprechen Sie ihm gut zu, wenn er winselt, und beruhigen Sie ihn, doch bitte nicht unter Zuhilfenahme der ganzen Familie einschließlich der Kinder. Am ersten Tag soll sich Ihr Hund nur an sein zukünftiges Frauchen oder Herrchen gewöhnen. Jede weitere Person würde nur stören. Die Erfahrung zeigt, daß der Welpe bereits am ersten Tag das Familienmitglied als „Meuteführer" anerkennt, das ihn abholt oder als erster aus der Transportkiste nimmt und sich mit ihm abgibt. Bald nach der Ankunft trägt man ihn dann zu einem ungestörten Platz im Garten oder Hof, an dem er sein Geschäftchen erledigen kann. Die erste Nacht wird ihr neuer Hausgenosse sicherlich nicht sehr ruhig verbringen. Plötzlich allein gelassen, überfällt den kleinen Kerl der Kummer der ganzen Welt. Er beginnt zu rumoren und zu heulen und wird vielleicht auch versuchen, zu Ihnen ins Bett zu kommen. Wenn Sie das nicht wollen, müssen Sie ihm sofort eine besondere Schlafstätte zuweisen, sei es im Badezimmer oder in der Küche, jedenfalls dort, wo der Boden dafür geeignet ist, Häufchen oder Pfützchen mühelos zu entfernen. Es kann einige Nächte dauern, bis er sich an diesen Zustand gewöhnt hat. Hilfreich kann ein laut tickender Wecker sein oder ein auf Zimmerlautstärke eingestelltes Radio, das Sie ihm in seinen Schlafraum stellen. Diese Geräuschkulisse beruhigt und läßt ihn das Alleinsein besser ertragen. Das sind Maßnahmen der „gängigen“ Welpenerziehung, wie sie in kynologischen Fachbüchern beschrieben wird. Unseren Welpenkäufern raten wir, ihren neuen Hausgenossen nachts mit in das Schlafzimmer zu nehmen. Wenn Sie ihn nicht mit ins Bett nehmen wollen, so plazieren Sie ihn doch auf ein Hundelager daneben, damit sie den Welpen beruhigen und streicheln können, sobald er anfängt zu jammern. Zudem wird der Welpe sehr rasch stubenrein, weil der aufmerksame Halter sofort mitbekommt, wenn sein Hund unruhig wird und sein Geschäftchen verrichten muß. Dem Welpen die Ablösung vom Wurf zu erleichtern, hat nichts mit Verzärteln zu tun. Im Gegenteil, das Kontaktliegen, wie es der Welpe bei der Mutterhündin und seinen Wurfgeschwistern erlebt hat, wird ihn auch die Bindung an seinen Menschen stärker erleben lassen. Diese Art Kontakt bietet dem Hund Sicherheit, Ruhe, Zusammengehörigkeit und mithin Vertrauen. Und seien wir ehrlich, auch der Mensch genießt die Wärme des Hundes und die entspannende Ruhe, die von ihm ausgeht. Vielleicht hat das Kontaktliegen auch eine therapeutische Wirkung auf uns.

Hundelager und Ruheplatz

Jeder Hund liebt es, einen eigenen Ruheplatz zu haben, wo er sich auch tagsüber nach übermütigem Spiel zu einem Schläfchen zurückziehen kann. Nach seiner Ankunft und dem ersten „Gassigehen“ sollten Sie ihm daher sein Lager zuweisen, frei von Zugluft und allzu großer Wärme und möglichst dort, wo er wenig Schaden anrichtet, wenn er sich einmal in der Wohnung „vergißt“. Schon der Welpe muß begreifen, daß ihm ein fester Platz zugewiesen ist, wenn er Ruhe geben soll. „Auf deinen Platz“ heißt der Befehl, wenn Sie ihn dorthin führen, und „So ist es brav“, sobald er den Befehl befolgt und dort liegenbleibt.

Hundebetten gibt es im Fachgeschäft für Hundebedarf zu kaufen. Praktischer für den Anfang ist eine kleine Kiste als Bett, in die Sie ein Stück Teppich oder eine alte Decke als Unterlage legen. Kaufen Sie für ein Jungtier keinen Korb. Er verführt den Welpen zum Nagen, und die meisten Körbe sind abgekaut, ehe der Hund erwachsen ist. Stücke des Korbgeflechtes, die im Hals oder Magen steckenbleiben, bilden eine ernste Verletzungsgefahr. Nützlich sind Transportkisten mit verschließbarem Einschlupf. Kleine Hunde lieben es, wenn sie „ein Dach über dem Kopf“ haben und einen Raum, den sie mit Eigenwärme „heizen“ können.

Ein kleines Spielzeug, ein Knochen aus Büffelhaut oder ein Stückchen Hundekuchen erleichtern ihm den Aufenthalt. Es sind überdies nützliche Utensilien, um Ihren Welpen, den nicht selten die Langeweile plagt, davon abzuhalten, an Pantoffeln, Stuhlbeinen oder den herrlichen Teppichfransen herumzuknautschen. Von dem in allen Variationen angebotenen Gummispielzeug halte ich nicht viel; Hunde zerkauen es, wie auch alle aus Plastik gefertigten Gegenstände und verschlucken die Teilchen. Hier sei gleich eine wichtige Erziehungsmaßnahme genannt, die Ihrem Schützling später einmal das Leben retten kann: Nehmen Sie ihm ab und zu sein Spielzeug, seinen Knochen oder auch ein Stückchen Fleisch, das er gerade verzehren will, ab. Sie können es ihm anschließend wieder zurückgeben. Er muß sich aber diesen Eingriff in seine Persönlichkeitsrechte durch seinen Herrn gefallen lassen. Wenn er nicht spielerisch lernt, etwas freiwillig herauszugeben, besteht die Gefahr, daß er später Dinge zerkaut und hinunterschluckt, die schädlich für ihn sind.

Erziehung zur Stubenreinheit

Schon im Sinne Ihrer eigenen Bequemlichkeit gehört die Erziehung zur Stubenreinheit zu den ersten Lektionen. Solange Ihr Hund sich noch nicht „kontrollieren" kann, erlauben Sie ihm nicht, unbeaufsichtigt durch das ganze Haus zu laufen. Er wird sonst nach eigenem Ermessen seine Toilette in irgendeinen Teil der Wohnung verlegen und auf dieser Stelle für immer beharren wollen. Halten Sie ihn in den ersten Tagen so, daß Sie ihn ständig beobachten können. Ein Welpe beschmutzt sein Lager nur im Notfall, doch muß er wissen, wo er sein Geschäftchen verrichten darf. Besitzer eines Gartens sind hier von Anfang an im Vorteil. Für die Stadtwohnung hat sich das „PC", das „paper closet", ein aus mehreren Schichten von Zeitungspapier bereitetes WC, bewährt (oder eine flache Kiste mit Torfmull oder Sägemehl, falls der Welpe vom Züchter daran gewöhnt wurde). Dieses errichten Sie in einer Ecke seines Aufenthaltsraumes, auf der Veranda oder auf dem Balkon. Beobachten Sie ihn in den ersten Tagen sehr sorgfältig. Sobald Sie merken, daß der Welpe zu winseln beginnt, verdächtig auf dem Boden herumschnüffelt oder sich lebhaft hin und her im Kreise dreht, eilen Sie hinzu und setzen ihn dorthin, wo er sein Geschäft verrichten soll. Loben Sie ihn, wenn es geklappt hat. Das nasse Papier ist schnell zusammengerollt und durch neues ersetzt. Außerhalb der Wohnung können Sie ein feuchtes Stück zurücklassen. Die feine Nase des Welpen wird beim nächsten Mal diese Duftmarke aufnehmen, die von nun an das Stimulans für die Auslösung des Entleerungsreflexes sein wird. Auslösendes Moment wird nun also beispielsweise die Unterlage (Zeitung, Sägemehl, Gras usw.) sein und schließlich der ganze Handlungsablauf von in den Garten gehen – ein Grasplätzchen suchen – sich lösen. Achten Sie vor allem in den ersten Tagen seines Daseins darauf, daß die auslösenden Eindrücke nicht am falschen Ort (Duftmarken auf dem Teppich) auf den Welpen einwirken. Im Erfolg Ihrer bisherigen Erziehung könnten Sie möglicherweise um Tage zurückgeworfen werden. Jegliche Geruchsspuren von Urin und Kot im Haus müssen daher umgehend entfernt werden, damit jeglicher Anreiz zu weiteren Unsitten genommen wird. Zur Reinigung verwendet man am besten ein biologisches Putzmittel oder ein sonstiges Desinfektionsmittel.

Bedenken Sie: wenn sich Ihr kleiner Freund trotzdem einmal vergißt, will er Sie nicht ärgern, sondern er hat noch nicht begriffen, wo sein „Geschäft" zu machen ist. Vielleicht ist die Schuld auch bei Ihnen selbst zu suchen, indem Sie ihn zu lange sich selbst überlassen haben. Auch wenn Sie innerlich sehr ungehalten sind, bestrafen Sie ihn nicht oder greifen gar zu der rüden Methode, indem Sie seine hochempfindliche Nase in die Bescherung stupsen. Ein energisches „Pfui", ein paarmal wiederholt, macht ihm sein Mißgeschick deutlich. Schläge, auch wenn Sie ihn in flagranti ertappen, sind vollkommen sinnlos und bewirken in der „Hundelogik" höchstens, daß er vermeidet, in Ihrer Gegenwart sein Geschäftchen zu machen. Er wird, wie man leichthin sagt, „straßenrein", indem er auf dem gemeinsamen Spaziergang Harn und Kot verhält und, sobald er wieder zu Hause ist, ins Nebenzimmer läuft, um sich dort zu versäubern, wenn Sie nicht zugegen sind. Für die Erziehung zur Stubenreinheit will ich noch einige Grundregeln nennen, die Ihnen die ständige Überwachung Ihres Kleinen etwas erleichtern sollen: Ein gesunder Welpe hat das Bedürfnis, sich nach dem Aufwachen, nach dem Fressen oder auch nach anstrengender körperlicher Bewegung zu lösen. Nach langer Nachtruhe sollten Sie also nicht bis nach dem Frühstück warten, um ihn an seinen Platz zu bringen. Auch kleine Kinder können nicht für unbegrenzte Zeit ihre Windeln sauber halten. Sobald Ihr Welpe an Halsband und Leine gewöhnt ist, bringen Sie ihn dazu, sein Geschäft außerhalb der Wohnung zu verrichten. Es versteht sich von selbst, daß das der Rinnstein sein sollte, denn sonst gibt es Ärger mit den Mitmenschen. Im übrigen haben ertappte Sünder mittlerweile mit empfindlichen Geldbußen zu rechnen. Da hilft auch eine Berufung auf die zu zahlende Hundesteuer nicht, denn derartige Belästigungen sind damit nicht von vornherein abgegolten. Schon nach einigen Tagen wird der junge Hund begriffen haben, wenn es zum „Gassigehen" hinausgeht. In regelmäßigen Abständen, nach denen Sie fast die Uhr stellen können, wird er sich nun bemerkbar machen. Am Beinchenheben Ihres männlichen Welpen erkennen Sie, daß er nun langsam in das mannbare Alter hineinwächst. Sein kleines Geschäftchen wird er jetzt nicht mehr auf einmal erledigen, sondern seine Duftmarken in wohldosierten Abständen an markanten Punkten verteilen.

Alleinsein will gelernt sein

Es ist erschreckend, wie viele Hundebesitzer einfach nicht in der Lage sind, ihren Hund für einige Zeit allein zu lassen. Hunde, die nicht von klein an daran gewöhnt wurden, einige Stunden am Tag allein zu bleiben, „erfreuen" unsere Nachbarn mit unaufhörlichem Heulen und Bellen. Andere zerkratzen die Türen, nagen die Möbel an oder koten und urinieren aus Trennungsangst oder Frust, der schon dann gegeben sein kann, wenn der kleine Kerl, der tagsüber im Mittelpunkt der Familie steht, nachts vor der verschlossenen Schlafzimmertür verbleiben soll oder gar in Küche oder Bad eingeschlossen wird. Mit der Erziehung zur Selbständigkeit Ihres Tibet-Welpen beginnen Sie darum bereits tagsüber bei dessen Ankunft. Zeigen Sie ihm von Anfang an, daß er nicht fortgesetzt in Ihrer Gesellschaft sein kann, auch wenn Sie zu Hause sind. Ältere Hunde sind in dieser Hinsicht kaum noch belehrbar, doch Ihren Welpen können Sie an das vorübergehende Alleinsein gewöhnen. „Was man Hänschen nicht lehrt, lernt Hans nimmermehr!" Versuchen Sie diese Übung mit folgendem Rezept: Tragen Sie den Kleinen auf sein Lager und sagen Sie mit Nachdruck „Platz"! Beobachten Sie ihn zunächst vom Nachbarzimmer aus, wo Sie ihn zwar hören, wo er Sie aber weder sehen, hören oder riechen kann. Fängt er nach einer Weile an, sich bemerkbar zu machen, so eilen Sie herbei und geben ihm mit einem „Pfui" zu erkennen, daß Sie nicht mit ihm zufrieden sind.

Wiederholen Sie diese Lektion, indem Sie ihn mit „schön brav" auf sein Lager zurückführen und dehnen Sie mit der Zeit Ihre Abwesenheit immer länger aus. Auch der hartnäckigste Bursche wird sich einprägen, daß er Sie zurückholt, um ihn zu tadeln. Natürlich sollte sich Ihre Abwesenheit nicht länger hinauszögern als 2 oder 3 Stunden; denn der Welpe wird möglicherweise hinaus müssen, um sein „Geschäft" zu machen. Wer alleinstehend und berufstätig, dadurch den ganzen Tag nicht zu Hause ist und mittags höchstens Zeit findet, seinen Hund kurz um den Block zu führen, sollte sich den Wunsch nach

So trägt man einen jungen Hund sicher und ohne Schaden

einem solchen Hausgenossen versagen; denn der braucht die Nähe seines Menschen.

A propos tragen! Die Erziehung zur Selbständigkeit unterstützen Sie, wenn Sie den Welpen nicht dauernd wie ein Baby mit sich herumschleppen. Wollen Sie ihn tragen – neben dem Streicheln die erste intensive Berührung mit dem Welpen –, tun Sie es nicht, indem Sie ihn an den Vorderläufen hochheben oder ihn zwischen Brustkorb und Oberarm fassen. Sie würden so die Schultern vom Körper abheben. Das verursacht ihm Schmerzen und lockert die Bänder. Auch das Hochheben an der lockeren Haut am Rücken oder am Hals bereitet ihm Pein. Zum Aufheben des Welpen legen Sie Ihre Hand unter die Stelle, an der sein Brustbein endet. So befindet er sich im Gleichgewicht. Mit der anderen Hand können Sie sein Hinterteil unterstützen. Zeigen Sie unbedingt auch Ihren Kindern, wie man den Welpen trägt. Bei einem „falschen“ Tragegriff entwindet er sich leicht und fällt unglücklich (Gehirnerschütterung) zu Boden.

Von einem Welpen wird das Halsband häufig als lästig befunden, doch Gewöhnung ist alles

Gewöhnung an Halsband und Leine

Tibet Terrier brauchen zum Gedeihen Auslauf und Bewegung in frischer Luft, ein Umstand, der sicherlich auch ihren Besitzern zugute kommt. Ein Freiauslauf im Garten ist zwar gut geeignet, den Hund kurzfristig aufzunehmen (z. B. beim Hausputz), doch kleine Hunde sind keine Zwingertiere.

Bevor Sie sich mit Ihrem Welpen zum Spazierengehen auf die Straße wagen, sollten Sie ihn an Halsband und Leine gewöhnen. Heutzutage ist selbst in einem abgelegenen Dorf die Gefahr durch Autos so groß, daß kein Hund ohne Leine ausgeführt werden sollte. Allzu oft haben weniger sorgsame Hundebesitzer ihren Liebling auf diese Weise verloren. Vielleicht haben Sie bereits beim Kauf daran gedacht, Ihrem Welpen ein weiches, schmales Halsband anzulegen, das er zur Gewöhnung tagsüber stundenweise im Hause trägt. Als nächstes knipsen Sie eine Leine daran und versuchen, im Zimmer oder Garten einige Schritte mit ihm zu gehen. Es gelingt oft sehr schnell, wenn Sie ihn mit einem Häppchen locken. Sperrt er sich, reißen Sie ihn nicht vorwärts, das macht ihn nur noch störrischer. Es schadet Ihrer Autorität nicht, wenn Sie in diesem Stadium der Erziehung auch einmal nachgeben und sich in die Richtung begeben, in die er laufen möchte. Mit etwas Geduld hat es bisher jeder Welpe gelernt, an der Leine zu gehen. Auf der Straße muß Ihr Hund von Anfang an lernen, an Ihrer linken Seite zu gehen (außer am Fahrrad, dort wird er rechts geführt, um ihn vom Straßenverkehr abzuschirmen). Denken Sie daran, daß Ordnungsämter in Städten und Gemeinden hier unterschiedliche Verordnungen zum Leinenzwang haben.

Über Stock und Stein auf Entdeckungsreise

Ausbildung

Für die nunmehr folgenden Lektionen, die dem Hund beigebracht werden müssen, sollten Sie folgende Regeln beachten:
- täglich nie länger als 10 bis 15 Minuten üben,
- keine Übungen öfter als 3- bis 4mal wiederholen.

Bei-Fuß-Gehen

Im Stadtverkehr können wir keinen Hund brauchen, der an der Leine zerrt, vor oder hinter uns läuft oder sich kreuz und quer über den Bürgersteig bewegt, zum Ärger der über ihn stolpernden Passanten. Er hat links neben uns zu gehen, mit den Vorderläufen auf der Höhe unserer Beine. „Bei Fuß!“ lautet das Kommando. Halten Sie dabei die kurze Leine in der linken Hand und wiederholen Sie dieses Kommando immer wieder. Will er vorpreschen, ziehen Sie ihn mit einem Ruck zurück, dann lassen Sie rasch wieder locker und loben

Hochgebirge und Schnee sind ihre Leidenschaften

ihn. Das Ziel muß es sein, daß Ihr Hund auf das Kommando „Bei Fuß!" auch ohne Leine bei Spaziergängen im freien Gelände zu Ihnen kommt. Auf belebten Straßen oder im Gedränge der Großstadt führen Sie Ihren Hund selbstverständlich immer an der Leine. Auch die folgsamsten Tiere sind hier bereits mit sich plötzlich ändernden Situationen nicht fertig geworden und dem Verkehr zum Opfer gefallen. Tibet Terrier sind bewegungsfreudige kleine Gesellen, denen es sichtliches Vergnügen bereitet, Sie auf langen Spaziergängen über Land zu begleiten. Von der Strapazierfähigkeit dieser Hunde wissen passionierte Bergsteiger zu berichten. Doch Welpen und Junghunde müssen – im wahrsten Sinne des Wortes „schrittweise" – an vermehrte Bewegung gewöhnt werden. Es wäre töricht, einen Welpen bereits auf langen Spaziergängen mitzuschleppen. Mit einem Baby würden Sie das auch nicht tun.

◀ Diese Haarfülle gilt es in Form zu bringen

„Komm!"

Sich in Wald und Feld ohne Zwang der Leine bewegen zu können, bereitet jedem Hund ein besonderes Vergnügen. Der Welpe wird dabei in den meisten Fällen seinem Besitzer auf Schritt und Tritt folgen. Einen Hunde-Teenager oder erwachsenen Hund dagegen werden Neugier und Unternehmungslust leicht dazu verleiten, sich einmal dem unmittelbaren Einfluß seines Herrn zu entziehen. Auf Pfiff oder den Ruf „Komm!" schnell zu reagieren und zurückzukehren, kann für Ihren Hund einmal lebensrettend sein. Bereits als Welpe lernt er deshalb, auf „Komm!" zu folgen, und zwar am einfachsten immer dann, wenn wir ihm sein Futter verabreichen. So verbindet er diesen Ruf mit etwas Angenehmem. Im Freien üben Sie diese Appellübung zunächst an einer besonders langen Leine, die dem Hund viel Bewegungsfreiheit gibt. Reagiert er auf Ruf oder Pfiff sofort, loben Sie ihn. Folgt er dem Kommando nur zögernd oder gar nicht, ziehen Sie ihn langsam und unter steter Wiederholung von „Komm!" zu sich heran und lassen ihn absitzen oder sich legen. Jeder Tibet-Terrier-Besitzer macht einmal die Erfahrung, daß er seinen Vierbeiner mit „Komm!" ruft, und der läuft statt dessen in entgegengesetzter Richtung davon. Laufen Sie unter keinen Umständen Ihrem Hund hinterher; denn vier Beine sind immer schneller als zwei, und außerdem wird solch eine Verfolgungsjagd leicht als Spiel verstanden, bei dem der Verfolgte dafür sorgen kann, daß sich der Abstand zwischen ihm und Ihnen nie verringert. Kehrt er nach einiger Zeit aus freien Stücken zurück, wird er gescholten oder es setzt gar Prügel.

Was wird geschehen? Das nächste Mal läuft er Ihnen wieder davon, oder er wird gewaltig zögern, bevor er sich in Bewegung setzt und die letzten Schritte demütig geduckt zurücklegt. Glauben Sie bloß nicht, das sei sein schlechtes Gewissen. Nein, es ist schlichte, nackte Angst in Erwartung des Donnerwetters, mit dem Sie ihn nach seinem Ausreißversuch empfangen haben. Welchen Grund sollte Ihr Hund haben, Ihnen zu folgen, wenn es sowieso nur Ärger gibt? Deshalb ruhig Blut, wenn Sie auch innerlich vor Wut kochen, loben Sie ihn, sobald er zurückkommt. Hunde nehmen Worte nur als Töne auf, die sie mit einer Handlung verbinden. Verbinden Sie daher das Wort „Komm!“ immer mit der Verabreichung eines Leckerbissens. So wird Ihr Tibet Terrier nach einer Weile auch ohne Verabreichung von Futter auf dieses Wort reagieren.

„Setz Dich!“

Die nächste Lektion heißt: „Setz Dich!“ Bewährt hat sich die alte Methode, einen Welpen zum Sitzen zu zwingen, indem man sein Hinterteil hinabdrückt und dabei gleichzeitig seinen Kopf mit der Leine hochzieht. Wiederholen Sie dabei immer wieder „Setz Dich!“, und sparen Sie nicht mit Belohnung, wenn er diesem Befehl nachkommt. Nach einiger Zeit wird er ihn auch ohne Leine befolgen. Erst wenn diese Lektion beherrscht wird, gehen wir zur nächsten über.

„Leg Dich!“ oder „Platz!“

Das leichte Hochziehen des Kopfes bei gleichzeitigem Hinabdrücken des Hinterteiles hat Ihren Tibet Terrier veranlaßt, sich zu setzen. Diese Übung können Sie jetzt erweitern, indem Sie versuchen, auch die vordere Partie niederzudrücken, bei ständiger Wiederholung des Kommandos „Leg Dich!“ Unterstützen Sie diesen Befehl, indem Sie sich seitlich vor Ihren Hund niederknien und dessen Vorderbeine nach vorne ziehen. Halten Sie ihn so eine Zeitlang in liegender Stellung und loben Sie „So ist es brav – Leg dich!“ Ihr Tibet Terrier wird auch diese Lektion schnell begreifen, nur wird es ihm zunächst schwerfallen, liegen zu bleiben, sobald Sie aufstehen. Versuchen Sie es, indem Sie beim Aufstehen die Hand beschwörend über ihn halten, unter ständiger Wiederholung ihres Befehls.

Wir wollen es bei diesen Lektionen belassen, denn schließlich wollen wir ja keinen Schutz- oder Gebrauchshund trainieren. Wichtig ist, daß Ihr Hund Sie anerkennt und gelernt hat, zu gehorchen. Die Befehle, die Sie geben, müssen kurz und gut zu unterscheiden sein, wie „Komm!", „Hier!", „Platz!", „Sitz!", „Aus!" und dergleichen.

Pflege des Haarkleides

Kämmen und Bürsten

Laien stehen oft staunend vor der prächtigen Haarfülle dieser langhaarigen Hunde und fragen dann bange: „Kann man überhaupt so einen Hund in der Wohnung halten, der muß doch fürchterlich haaren?“, oder „Riechen diese Tiere nicht, bei soviel Behaarung?“

Zugegeben, es gibt Hunderassen, die vor allem bei regnerischem Wetter einen unangenehmen, „hundsmäßigen“ Geruch ausströmen. Doch allen Zweiflern sei versichert, dieser Tibethund hat diesen „Eigengeruch“ nicht. Natürlich darf man solch einen Hund nicht verwahrlosen lassen, d. h. ihn sich selbst überlassen und ihn nicht vom Staub und Schmutz der Straße befreien, so daß sein Fell verfilzt. Auch übelriechende Ohr- und Augensekrete und u. U. Kotverklebungen an den langen Haaren sind zu entfernen. Wir erinnern uns: Der Tibet Terrier hat ein doppelschichtiges Haarkleid, gebildet von einer feinen Unterwolle und einem Ober- oder Deckhaar, das lang und von fester, dem menschlichen Haar ähnlicher Struktur ist. Dieses Haar hat eine natürliche Imprägnierung und ist schmutzabweisend. In der Regel genügt Kämmen und kräftiges Bürsten, um den Hund sauberzuhalten. Die feste Struktur des Deckhaares bildet sich erst nach Abwurf des Welpenhaares und kann bis zur Vollreife 2 bis 3 Jahre benötigen. Die Unterwolle wechselt jahreszeitlich, im Frühjahr und Herbst. Abgestoßene Unterwolle bleibt im Oberhaar hängen und würde hier dichte Matten bilden, die sich mit dem Oberhaar verfilzen, wenn wir ihr nicht mit Kamm und Bürste zu Leibe rückten. Ungepflegte Hunde fühlen sich unwohl und sind keine Zierde für ihren Besitzer.

Es gibt keine allgemein gültigen Regeln, wie häufig ein Hund mit Kamm und Bürste „bearbeitet“ werden muß. In den Zeiten des Haarwechsels wird dies zur täglichen Routine gehören, in den Zwischenzeiten kann eine wöchentliche Haarpflege genügen. Das ist von Tier zu Tier verschieden; manche Hunde bedürfen des täglichen Kämmens, da sie besonders viel Unterwolle „produzieren“, anderen dagegen wird man durch zu häufiges Kämmen die charakteristische Doppelschichtigkeit des Felles verderben. Eines aber sollten Sie beherzigen: Seien Sie besonders gründlich und kämmen Sie nicht nur

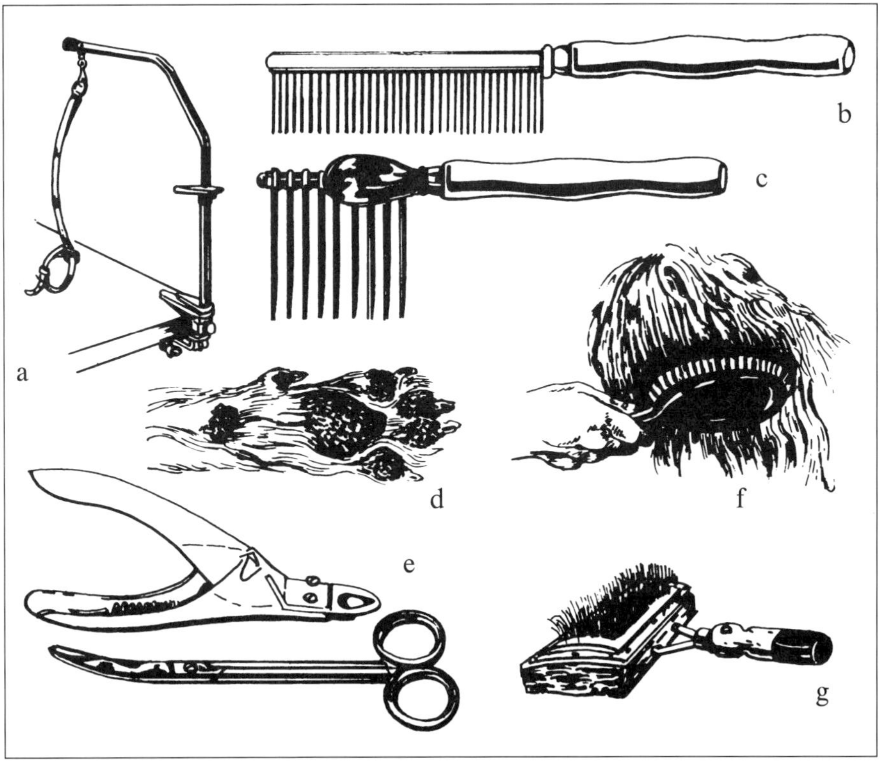

Hilfsmittel zur Pflege des Haarkleides und der Pfoten
a mit solch einem Galgen hält man einen widerspenstigen Hund bei der Fellpflege sicher auf dem Pflegetisch;
b Metallkamm mit handlichem Holzgriff;
c Fellentfilzungskamm;
d Vorderpfote von der Sohlenfläche aus gesehen;
e Krallenzange und Schere mit aufgebogener Spitze;
f Bürste mit Naturborsten für die Fellpflege;
g gewarnt wird vor dem Gebrauch solch eines Striegels, der das Deckhaar zerstört

„obenauf". Das Fell muß stets bis auf die Haut gekämmt und gebürstet werden. Kämmen und Bürsten ist ein Teil der Erziehung Ihres „Hundebabys". Zeigen Sie ihm, daß Kamm und Bürste nicht schmerzen, dann wird es bald stillhalten, wenn es gepflegt wird. Beginnen Sie mit dem

Angewöhnen, indem Sie den Welpen auf Armeslänge vor sich hin auf einen Tisch stellen. Der Tisch muß absolut fest stehen und möglichst eine rauhe, rutschfeste Auflage haben. Nach einer Weile treten Sie zurück und betrachten den Hund von allen Seiten. Loben Sie ihn, dann wird es ihm nach einiger Übung Freude machen, so dazustehen. Dann kämmen Sie ihn kräftig durch bis auf die Haut. Um seine Bauchhaare kämmen und bürsten zu können, legen Sie ihn sich zuerst in den Schoß und stützen mit den Knieen sein Hinterteil. Später können Sie den erwachsenen Hund auf seinem gewohnten Pflegetisch auf den Rücken legen und „bearbeiten". Besondere Vorsicht ist gerade an den empfindlichen unteren Partien geboten; Verfilzungen und Haarknoten hier bereiten dem Hund beim Auskämmen große Pein. Schon mancher Anfänger hat sich irritieren lassen, wenn sich sein Welpe vielleicht spielerisch, manchmal auch aggressiv, Kamm und Bürste zu widersetzen suchte. Seien Sie hier konsequent! Wenn Sie vorzeitig aufgeben, wird er immer wieder versuchen, sich durchzusetzen. Notfalls schlingen Sie dem Widerspenstigen ein Band um die Schnauze (z. B. Mullbinde). Dann kämmen Sie ihn fertig. Es gibt Hunde, die Sie nur durch eine Leine an ihrem Platz festhalten können. Man macht das am besten, indem man sich einen „Galgen" besorgt, den die Terrierleute zum Festbinden ihrer Hunde beim Trimmen benutzen.

Zur Haarpflege benötigen Sie einen guten, nicht zu engen Metallkamm, der keine scharfen Spitzen hat, möglichst mit Holzgriff, damit er fest in der Hand liegt; dazu eventuell einen feinen Hornkamm zum Kämmen der Gesichtshaare und der langen Augenwimpern und einen Fellentfilzungskamm. Bürsten dürfen Sie nur mit einer handgezogenen Bürste aus möglichst langen Naturborsten. Nylon- oder Perlonbürsten, zum Teil innen mit Drahtansatz, oder „Pudelbürsten" sollten Sie keinesfalls benutzen – höchstens zur Auflockerung des Fuß- und Beinhaares. Diese Bürsten zerstören Haut und Haare Ihres Hundes.

Es gibt darüber hinaus einige Regeln, die Sie zur Erleichterung Ihrer Arbeit beachten sollten. Die Haare werden nie im trockenen Zustand gebürstet, sondern stets leicht angefeuchtet. Wer keine Haarlotion (für Hunde!) zur Hand hat, kann auch klares Regenwasser benutzen, am besten mit Hilfe eines Zerstäubers (Atomiseur) aufzutragen. Trockenes Haar lädt sich sehr leicht elektrostatisch auf und ist spröde. Um dem Fell seine Elastizität zu erhalten und zu verhindern, daß die Spitzen der langen Haare brechen, benutzen Sie ein entsprechendes Haarpflegemittel für Hunde oder ein leichtes, nicht schmierendes

Kämmen und Bürsten
a Zum Kämmen und Bürsten wird der Hund seitlich auf den Pflegetisch gelegt;

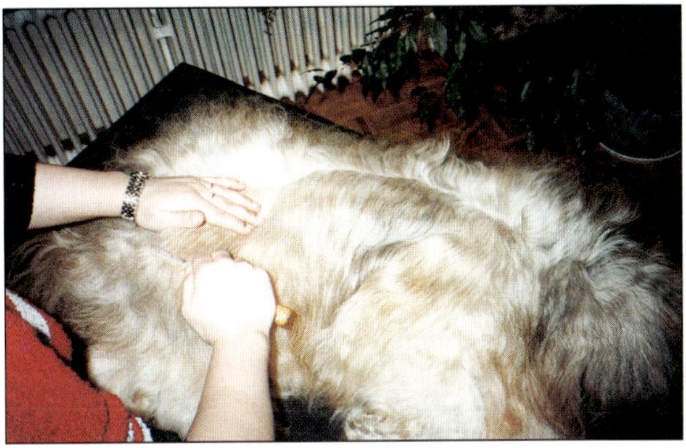

b gekämmt und gebürstet wird schichtweise von unten nach oben, in Richtung des natürlichen Haarfalles;

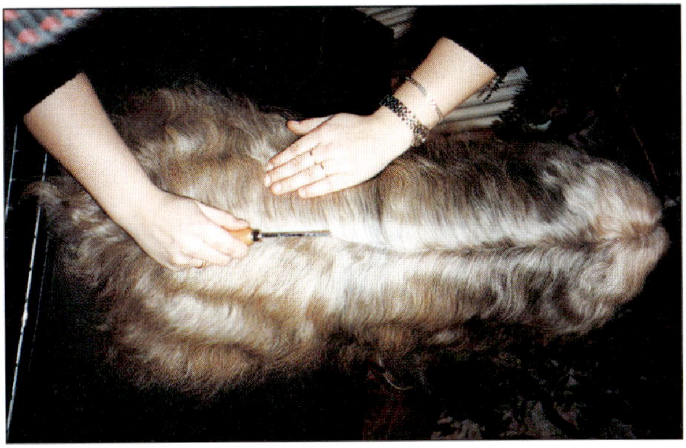

c zum Abschluß wird über den Rücken hinweg der Scheitel gezogen

Öl (wie z. B. Nerz- oder Mandelöl). Wöchentlich ein- bis zweimal tragen Sie davon etwas auf die Bürste auf und bürsten es in das Haar ein. Zur Pflege gehört eine gewisse Routine. Kämmen Sie zunächst das Fell des Hundes vorsichtig durch und achten Sie auf etwaige Verklettungen. Diese dürfen Sie nicht einfach mit dem Kamm herausreißen, denn dabei können Sie nicht nur viel zu viel Deckhaar zerstören, sondern Ihrem Hund auch unnötige Schmerzen bereiten. Zupfen Sie Haarkletten sorgfältig mit den Fingern auf, bevor Sie nachkämmen. Richtige „Nester" von verfilzten Haaren bilden sich häufig hinter den Ohren, unter dem Kinn, an den Innenläufen und Pfoten. Verfilzungen lösen sich leichter, wenn Sie vorher etwas Öl auftragen und einwirken lassen.

Trotz aller guter Vorsätze kann es einmal passieren, daß ihnen die Pflege Ihres Hundes entgleitet und sich in Form einer Pußtabehaarung Verfilzungen und Matten bilden, derer Sie auf normalem Wege nicht mehr Herr werden. Sprechen wir nicht von der unendlichen Mühe und Zeit, die aufzuwenden ist, ein solchermaßen ramponiertes Fell wieder in Ordnung zu bringen. Ihnen bleibt nur der Griff zum sogenannten Fellentfilzungskamm oder, falls auch das nichts fruchtet, zur Schere, um diese Matten zu öffnen. Nur achten Sie bitte auch jetzt darauf, nicht etwa parallel zum Rücken zu schneiden, sondern nur in Richtung des Haarfalles. So wird wenigstens nur ein Teil des Deckhaares zerstört, und den Rest können Sie anschließend mit dem Kamm entfilzen. Auch Haarknoten an den Innenseiten der Schenkel oder am Bauch lassen sich u. U. so entfernen, wenn Sie nicht gerade Ihren Hund zu einer Ausstellung gemeldet haben.

Ist Ihr Hund allseitig gekämmt und sind auch seine Barthaare und Wimpern mit einem feinzinkigen Kamm vorsichtig von Speiseresten und Verkrustungen befreit, nehmen Sie die Bürste zur Hand und bürsten in langen Strichen das Haar beiderseits des Körpers gerade herunter. Gekämmt und gebürstet wird immer in Richtung des natürlichen Haarfalles, beginnend von der Haut bis zu den Haarspitzen, nie gegen den Strich. Achten Sie bereits beim Welpen darauf, daß sich auf dem Rücken ein Scheitel bildet, denn um so besser wird das Haar fallen, wenn es lang ist.

Hundebad

Ein Hund, der regelmäßig gekämmt und gebürstet wird, braucht kaum gebadet zu werden. Statt den ganzen Hund zu waschen, kann man öfter, besonders nach Spaziergängen im Regen, Pfoten, Läufe und Bauchhaare mit klarem, warmem Wasser abspülen und anschließend gut trockenreiben. Häufiges Baden entzieht dem

Haar seinen natürlichen Schutz, den Fett- und Säuremantel. Das Fell erscheint dann zwar im Augenblick sauberer, verschmutzt aber sehr viel schneller wieder. Ist der Hund einmal sehr schmutzig oder riecht er unangenehm, genügt oft das Einpudern mit einem Trockenshampoo (z. B. Euformal). Das Shampoo wird einmassiert und das Fell hernach kräftig ausgebürstet. In der Regel reicht es, einen Hund ein- bis zweimal im Jahr gründlich zu baden, es sei denn, er hat sich in Kot gewälzt, oder Sie wollen ihn für eine Hundeausstellung besonders attraktiv erscheinen lassen. Allerdings darf der Hund nicht unmittelbar vor der Ausstellung gebadet werden, denn das Haar benötigt einige Tage, um die natürliche Festigkeit wieder zu erlangen.

Hier einige Hinweise, die Sie beim Baden beachten sollten:

- Kämmen Sie das Fell vorher gründlich durch, damit das Haar seinen natürlichen Fall behält.
- Das Badewasser – etwa 32 °C bis 35 °C warm – darf dem Hund höchstens bis zum Bauch reichen.
- Benutzen Sie ein flüssiges, proteinhaltiges, rückfettendes Shampoo (z. B. Selvett). Alle anderen Mittel sind ungeeignet, da sie die Haare zu sehr auslaugen und die Haut angreifen.
- Der Hund wird gründlich eingeseift (mit Ausnahme des Kopfes, für den klares Wasser genügt).

Ein kühles Bad wird gern genommen

Mit klarem Wasser abspülen und abfrottieren – schon ist der „Schaden" behoben

Achten Sie beim Auftragen des Waschmittels darauf, daß Sie die Haare nicht durcheinanderwuscheln.
- Lassen Sie die Lösung einwirken und spülen Sie dann das Fell mit warmem Wasser gut aus. Auch der letzte Rest des Mittels muß entfernt werden.
- Ehe Sie Ihren Hund in ein Badetuch einwickeln und in ein warmes, zugfreies Zimmer bringen, geben Sie ihm Gelegenheit, sich gründlich zu schütteln. Beim Abfrottieren vermeiden Sie zu starkes Reiben, versuchen Sie vielmehr durch Andrücken des Tuches – wie mit einem Löschpapier – das Wasser zu entziehen. Anschließend wird der Hund gründlich gekämmt, dann trocken geföent, bei gleichzeitigem Bürsten.
- Damit der frisch gebadete Hund sich nicht erkältet, behalten Sie ihn einige Stunden im Haus.

Obwohl Hunde im allgemeinen keine besonderen Freunde von Wasser sind, finden sich hin und wieder passionierte Schwimmer, die während eines Spaziergangs keine Gelegenheit auslassen, ein Bad im Fluß oder See zu nehmen. Haben Sie keine Angst, solch ein Bad schadet weder Haut noch Fell. Danach aller-

Vom Winde zerzaust

dings muß sich der Hund trockenlaufen; notfalls zu Hause nochmals frottieren.

Pflege der Ohren

Besondere Aufmerksamkeit ist den Ohren zu widmen. Der Gehörgang muß weitgehend frei von Behaarung gehalten werden. Austretende Ohrensekrete bilden sonst sehr leicht mit den im Ohrkanal wachsenden Haaren klebrige Haarverknotungen, die den Gehörgang verstopfen. Die Folge vernachlässigter Ohren ist sehr häufig eine Gehörgangsentzündung. Erkrankte Ohren fühlen sich heiß an, die Haut der Ohrmuschel ist gerötet. Der Hund schüttelt den Kopf, hält ihn schief, kratzt mit den Hinterpfoten am Ohr. Dabei kann im fortgeschrittenen Stadium der Entzündung ein „suppendes“ Geräusch zu hören sein. Es tritt auch deutlich auf, wenn Sie die Ohrmuschel massieren und ist Anzeichen einer Sekretansammlung im Inneren des Ohres. Sie erkennen eine beginnende Infektion zumeist auch am starken Geruch, der dem Ohr entströmt, und an den dunklen, wachsartigen Absonderungen. Zur Vorbeugung können Sie mit den Kuppen von Daumen und Zeigefinger oder, tiefer im Gehörgang, mit einer abgerundeten Pinzette (sog. anatomische Pinzette) die Haare herausziehen.

Mit der Kuppe des Daumens und des Zeigefingers werden die Haare aus dem Gehörgang entfernt

Das liest sich zwar grausam, Hunde – vor allem Welpen – scheinen aber hierbei seltsamerweise keinen Schmerz zu fühlen. Mit einem watteumwickelten Stäbchen putzen Sie dann den oberen Teil des Gehörganges vorsichtig aus. Dazu ein mildes Hautöl verwenden, das verklebtes Sekret auflöst. Eine tiefergehende Reinigung des Gehörganges sollte dem Tierarzt überlassen bleiben. Die vielen im Handel erhältlichen Ohrpflegemittel sind mit Vorsicht zu betrachten; bei Entzündungen sind sie meist nicht ausreichend, für die normale Reinigung genügt Hautöl. Verstärkte Bildung von schwarzbraunem Ohrenschmalz, verbunden mit den oben beschriebenen Anzeichen des Kratzens, kann auch auf den Befall von Milben hinweisen (Ohrmilbe, Ohrräude). Diese Parasiten können leicht vom Tierarzt erkannt und bekämpft werden.

Pflege der Augen

Zur Pflege der Augen ist es notwendig, daß Sie täglich die Augenwinkel von austretendem Sekret befreien, damit sich keine übelriechenden Haarverkrustungen oder, bei hellhaarigen Hunden, unschöne braune Tränenspuren bilden. Hierzu eignet sich ein mit lauwarmem Wasser oder verdünntem Kamillentee getränktes Papiertaschentuch. Böse Bindehautentzündungen sind oft die Folgen, wenn Hunde, besonders an heißen Tagen, den Kopf während einer Autofahrt aus dem geöffneten Fenster halten. Gewarnt sei hier vor der Eigenbehandlung mit Borwasser: Es kann, außer starkem Reiz, Haarausfall um die Augen hervorrufen.

Pflege der Zähne

Zum Glück spielen zivilisationsbedingte Faktoren beim Gebißverfall des Hundes noch keine große Rolle. Eine naturgemäße Nahrung, die das Gebiß ausreichend beansprucht, trägt dazu bei, dem Hund seine in den meisten Fällen ausgezeichneten Zähne bis ins hohe Alter zu erhalten. Süßigkeiten und andere Naschereien sind zu vermeiden. Dennoch ist es zweckmäßig, regelmäßig die Zähne des Hundes zu kontrollieren. Zahnstein, im Anfangsstadium ein gelber, schleimiger Belag, führt zu Entzündungen des Zahnfleisches und der Mundschleimhaut. Im fortgeschrittenen Stadium entwickelt sich daraus eine Parodontose; das Zahnfleisch schwindet, und die Zähne beginnen zu wackeln. Auf diese Weise können unsere Hunde bereits sehr früh ihre Zähne verlieren. Zahnstein und die ihn begleitenden Entzündungen des Zahnfleisches machen sich durch üblen Mundgeruch unzweideutig bemerkbar. Ich möchte hier durchaus nicht für den Gebrauch von Zahnbürsten und Zahnpasta plädieren, da mir diese Prozedur zu sehr vermenschlicht und außerdem zu anstrengend für beide Teile erscheint. Zahnbelag läßt sich anfangs mit Hilfe von 3 %igem Wasserstoffsuperoxyd beseitigen, im fortgeschrittenen Stadium hilft nur der Schaber des Tierarztes. Während des Zahnwechsels bleiben manchmal die aus dem Welpenalter stammenden Milcheckzähne im Kiefer sitzen. Diese müssen vom Tierarzt rechtzeitig entfernt werden, damit die nachwachsenden Zähne ihre richtige Stellung einnehmen können.

Pflege der Pfoten und Krallen

Bei Hunden, die in der Stadt gehalten werden, nutzen sich die Krallen gewöhnlich am Straßenbelag ab, im Gegensatz zu denen von Hunden, die sich wenig oder nur auf weichem Boden bewegen. Die zu lang gewachsenen Krallen verfangen sich beim Kratzen leicht in den Haaren und verhindern das richtige Aufliegen des Ballens, so daß sich darunter Wucherungen bilden. Daher müssen die Krallen von Zeit zu Zeit mit Hilfe einer Krallenzange gekürzt werden. Die Nägel werden bis kurz vor der rot durchbluteten Nagelhaut gestutzt. Das ist bei hellen Krallen kein Problem, bei dunklen Krallen weniger sichtbar. Hier wird mitunter die Erfahrung eines Fachmannes benötigt. Zu kurzes Stutzen kann zu schmerzhaften Nagelhautentzündungen führen. Nicht übersehen werden darf die fünfte Kralle an der Innenseite der Vorderläufe. Sie nutzt sich nicht ab und wächst rund, u. U. in den Ballen hinein. Zu den Rassemerkmalen des Tibet Terriers gehört ein starker Haarwuchs zwischen Ballen und Zehen.

Diese Haare sind so kurz zu halten, daß der Ballen freiliegt. Zwischen Zehen und Ballen darf sich kein Schmutz festsetzen, der mit den Haaren verfilzt und als Knötchen für den Hund sehr schmerzhaft werden kann.

Soweit sich diese Schmutzklümpchen nicht mit Hilfe von warmem Wasser entfernen lassen, schneidet man sie mit einer Schere heraus (aufgebogene Spitze, beide Schenkel abgestumpft. Teerverklebungen an den Pfoten lassen sich im übrigen leicht mit Pflanzenfetten auflösen.

Kotverklebungen

Für den Besitzer eines langhaarigen Hundes kann es recht unangenehm sein, wenn sich Kotverklebungen an den langen Haaren des Hinterteils bilden. Es versteht sich von selbst, daß diese schon aus hygienischen Gründen schnellstens beseitigt werden müssen. Für den Hund selbst können solche rasch hart werdenden Verkrustungen sehr schmerzhaft sein und zu Infektionen führen. Die Ursache kann (ernährungs- oder krankheitsbedingter) zu breiiger Kot sein. Zu einer ausgewogenen Nahrung gehören daher außer Fleisch auch genügend Ballaststoffe, die das Kotvolumen vergrößern und den Kot festigen. Durchfall ohne Fieber läßt sich in der Regel schnell durch einen Fastentag beheben, an dem der Hund lediglich in ausreichender Menge Wasser oder verdünnten schwarzen Tee mit einer Prise Salz erhält. Da Durchfall mit einem großen Wasserverlust verbunden ist, darf auf keinen Fall Trinkwasser entzogen werden! Zur Normalisierung der Verdauung hat sich eine Mischung aus Rinderhack, Schmelzflocken, einem rohen geriebenen Apfel und einiger Kohlekompretten® bewährt, die mehrmals über den Tag verteilt gegeben wird. Bei Durchfall, der sich auf diesem Wege nach 2 bis 3 Tagen nicht beheben läßt oder der gar mit Fieber verbunden ist, sollte unbedingt der Tierarzt aufgesucht werden. Mittel aus der Humanmedizin, wie Mexaform® u. a., können für den Hund verheerende Folgen (z. B. Nierenbluten) haben. Äußerlich lassen sich Kotverklebungen, die sich bei Haarverfilzungen durchaus auch bei „normalem“ Stuhl bilden können, vorbeugend vermeiden, wenn bei der routinemäßigen Pflege die Haare an der Rute aufwärts und die an Schenkeln und Läufen nach unten gekämmt werden.

Mit dem Tibet Terrier auf Ausstellungen

Hundeschauen, so sagt man, „sind die großen Schaufenster der Kynologie". Sie ziehen Tausende von Schaulustigen an und besitzen eine nicht zu unterschätzende Werbewirkung. Auch die kommerzielle Seite der Ausstellungen verdient Erwähnung und sollte nicht mit einem scheinheiligen Naserümpfen abgetan werden. Müßte doch selbst der passionierteste Züchter schon bald seine Liebhaberei aufgeben, wenn er keine Käufer für seine Welpen fände. Das Ausstellen hat also auch dann für den Züchter einen Sinn, wenn sein Hund keinen Siegertitel erwirbt. Der kauflustige Ausstellungsbesucher muß einen Überblick gewinnen können über die Rasse seiner Wahl, und die bekommt er erst, wenn ihm eine möglichst große Zahl von Hunden präsentiert wird. Sicher wird er den Champion bewundern, aber kaum auf den Gedanken kommen, ihn kaufen zu wollen. Der Tierfreund sucht sich seinen zukünftigen Hausgenossen mit dem Herzen aus und taxiert ihn nicht mit nüchternem Züchterblick.

Doch nicht alle Hundebesitzer, die ihren Tibet Terrier ausstellen, sind Züchter und haben deren Einsicht. Das erschwert den Zuchtschaurichtern ihr Amt oft, denn diese Aussteller neigen dazu, in dem gestrengen Richter einen „Fehlergucker" zu sehen. Sie vergessen, daß man den eigenen Hund zumeist mit den Augen der Liebe sieht und daß Liebe bekanntlich blind macht gegen die Fehler des geliebten Wesens. Aber es ist nun einmal die Aufgabe eines Zuchtschaurichters, nicht nur das Gute zu sehen, sondern auch die negativen Abweichungen vom Standard. Da Lebewesen ja immer „Engel mit kleinen Fehlern" und keine vollkommenen Götter sind, wird auch der schönste Tibet Terrier nicht fehlerfrei sein.

Sache des Zuchtschaurichters ist es, die korrekte Beurteilung der Hunde unter Abwägung ihrer im Rassestandard aufgelisteten Vorzüge und Fehler vorzunehmen und in einem ausführlichen Richterbericht dem Besitzer gegenüber zu begründen. Die von den Richtern vergebenen Formwertnoten reichen von „vorzüglich" bis „disqualifiziert". „Vorzüglich" bekommt ein Hund, der in allen Formen höchste Vollkommenheit aufweist, dem Rassestandard in vollendeter Weise entspricht und dem Idealtyp so nahe wie nur möglich kommt. „Sehr gut" wird nur einem Hund zuerkannt, der die typischen Merkmale seiner Rasse besitzt, von ausgeglichenen Proportionen und in guter Verfassung ist. Man wird ihm einige verzeihliche Fehler nachsehen, jedoch keine morphologischen. „Gut“ ist einem Hund zu erteilen, welcher die Hauptmerkmale seiner Rasse besitzt, aber Fehler aufweist. „Genügend“ erhält ein Hund, der seinem Rassebild entspricht, ohne dessen allgemein bekannte Eigenschaften zu besitzen bzw. dessen körperliche Verfassung zu wünschen übrig läßt. „Disqualifiziert“ wird ein Hund, der nicht dem durch den Standard vorgeschriebenen Typ entspricht, mit einem Hodenfehler behaftet ist sowie u. a. erhebliche Zahnfehler oder eine Kieferanomalie aufweist. Natürlich ist niemandem daran gelegen, daß sein Hund disqualifiziert wird. Der Unerfahrene läßt seinen Tibet Terrier darum besser von einem Richter oder versierten Züchter „vormustern“, ob er überhaupt ausstellungsfähig ist.

Hat man sich zum Ausstellen entschlossen, ist es selbstverständlich, seinen Hund in bestem Pflegezustand vorzuführen. Als Anfänger sollten Sie sich rechtzeitig einweisen lassen, wie man einem Tibet Terrier das nötige Verhalten im Ring beibringt. Der Hund, der sich ruhig und aufmerksam in den Ring stellt, sich auf dem Tisch folgsam sein Gebiß kontrollieren, sein Haarkleid und den darunter liegenden Körper vom Richter überprüfen läßt und auch den Zollstock nicht scheut, wird seine Vorzüge viel besser zur Geltung bringen, als ein Mätzchen machendes und ungebärdig herumhopsendes Tier. Nach der Zuchtschauordnung des Verbandes für das Deutsche Hundewesen e. V. (VDH), Dortmund, unterscheiden wir Internationale Zuchtschauen, Allgemeine Zuchtschauen und Spezial-Zuchtschauen. Internationale und Allgemeine Zuchtschauen finden unter der Schirmherrschaft des VDH statt. Sie werden nach gleichem Reglement auch von anderen ausländischen kynologischen Vereinen, die der FCI angeschlossen sind, durchgeführt. Ausgeschrieben sind auf internationalen Ausstellungen die Anwartschaften (CACIB – Certificat d’Aptitude au Championnat International de Beauté) für den Titel „Internationaler Schönheitschampion“ (Champion International de Beauté). Um diesen Titel zu erringen, muß Ihr Tibet Terrier 4 CACIB in mindestens 3 verschiedenen Ländern und unter ebenfalls mindestens drei verschiedenen Zuchtschaurichtern zugesprochen bekommen. Bei der ersten Vergabe muß er mindestens 15 Monate alt sein, und zwischen der ersten und letzten Auszeichnung muß ein Mindestzeitraum von einem Jahr liegen.

Über Anwartschaften werden auch die Titel „Deutscher Champion (VDH)“ sowie „Deutscher Champion (Club)“ errungen. Analog den internationalen Bestimmungen müssen auch hier vier Anwartschaften, allerdings im

Championesse „Senga" in voller Haarpracht

nationalen Bereich, unter mindestens drei verschiedenen Zuchtschaurichtern erworben worden sein. Zwischen der ersten und letzten Anwartschaft, die übrigens nur einem mit „vorzüglich", Platz 1 bewerteten Hund verliehen werden kann, muß ein zeitlicher Mindestzwischenraum von 12 Monaten und einem Tag liegen. Die Anwartschaften werden in der Offenen- und Championklasse in Wettbewerb gestellt, für Rüden und Hündinnen getrennt. An den Ausstellungen teilnehmen darf nur der Besitzer eines Tibet Terriers, wenn dieser eine ordnungsgemäße Ahnentafel eines Mitgliedvereins des VDH besitzt oder wenn dieser für seinen Tibet Terrier eine von der FCI anerkannte Ahnentafel eines anderen Landes vorlegen kann. Das berechtigt ihn, seinen Hund in der Klasse zu melden, die seinem Alter und seinem Geschlecht entspricht.

Die Ausstellungstermine sowie die Anschriften der Ausstellungsleiter, über die auch die Meldepapiere für eine Zuchtschau zu beziehen sind, werden in der monatlich erscheinenden Verbandszeitschrift des VDH „Unser Rassehund" veröffentlicht oder sind anderen kynologischen Fachzeitschriften zu entnehmen.

Ernährung

Der Hund braucht mehr als Fleisch

Leben ist Bewegung. Leben ist Wachstum. Leben ist Stoffwechsel. Damit Lebensvorgänge ablaufen können, muß sich das Lebewesen ernähren. Der Zweck der Ernährung ist es, dem Körper Nährstoffe zuzuführen. Diese dienen der Bewegung, indem sie Energie liefern, dienen dem Wachstum, indem sie die Baustoffe darstellen, dienen dem Stoffwechsel, indem sie verbrauchte Substanzen ersetzen. Nährstoffe befinden sich in der Nahrung. Tiere sind von organischen Stoffen abhängig. Diese gehen sämtlich auf Stoffwechselprodukte der Pflanzen zurück.

Der Hund als Nachfahre des Wolfes steht am Ende der Nahrungskette. Er verwertet nicht die Pflanze selbst, sondern pflanzenfressende Tiere. Die wildlebenden Ahnen unseres Hundes verzehrten ihre Beute meist vollständig.

Goldfarbene Championesse

Daher geht der Begriff „Fleischfresser" am Kern vorbei. Denn nicht nur Muskelfleisch, sondern ebenso die Knochen, Sehnen, das Fell und natürlich die Innereien samt dem pflanzlichen Inhalt wurden verschlungen. Treffender ist also die Bezeichnung „Beutetierfresser".

- Der Hund steht am Ende der Nahrungskette.
- Der Hund benötigt neben Fleisch auch Fett, Mineralstoffe, Vitamine und pflanzliche Materialien.
- Der Hund ist ein Beutetierfresser.

Das Verdauungssystem spaltet die Nahrung auf

Dem Wolf wie auch seinem Nachfahren Hund sind eine Reihe spezialisierter Organe eigen, mit denen er seine Nahrung beschaffen, zerkleinern und verwerten kann. Die Zähne dienen dem Ergreifen und Zerteilen der Beute. Mit Hilfe des Speichels gleitfähiger gemacht, gelangt die Nahrung durch die sehr dehnbare Speiseröhre in den Magen. Hier erfolgt eine erste Aufspaltung der einzelnen Bestandteile. Dieser Vorgang wird im Dünndarm fortgesetzt. Unverzichtbare Hilfe leisten dabei Verdauungsenzyme, die in der Bauchspeicheldrüse und der Leber gebildet werden. Ihre Aufgabe ist die biochemische Zerkleinerung der Nährstoffe bis auf die Grundbausteine. Nur so zerlegt ist die Nahrung letztendlich verwertbar. Die Nährstoffe werden dann von der Darmschleimhaut aufgenommen und mit Hilfe des Blutkreislaufs in jede noch so entlegene Zelle des Körpers transportiert. Dort erst erfüllen sie ihre eigentliche Funktion. Im Muskel beispielsweise wird die biochemische Energie bestimmter Nährstoffe in Bewegungsenergie umgewandelt, im Knochen dienen andere Nährstoffe als Bausteine den Wachstumsvorgängen. Unverwertbare Bestandteile der Nahrung gelangen in den Dickdarm und werden wieder ausgeschieden.

- Die Nahrung muß aufgespalten werden, um verwertbar zu sein.
- Die Aufspaltung erfolgt hauptsächlich im Dünndarm.
- Die Nährstoffe werden mit dem Blutkreislauf aus dem Darm in alle Körperzellen transportiert.

Hohe Energieausbeute nur bei hochverdaulicher Nahrung

Ob ein Tibet Terrier läuft, springt, mit dem Schwanz wedelt oder vielleicht nur daliegt und Herrchen oder Frauchen beim Lesen zuschaut – jeder dieser Vorgänge braucht Energie, sie ist die treibende Kraft aller Lebensvorgänge. Unser Hund bezieht sie aus seinem Futter. In biochemischer

Form gespeichert, gelangt Energie in den Körper und wird dort in die unterschiedlichsten Lebensäußerungen umgewandelt. Bei diesen Umwandlungsprozessen gibt es Verluste. Über Kot und Harn werden Stoffe ausgeschieden, die noch Energie speichern.

Auch Wärmeverluste schmälern die Energieausbeute für den Organismus. Dennoch hat das Energieumwandlungssystem „Hund“ einen höheren Wirkungsgrad als jedes vom Menschen ersonnene. Eines liegt jedoch auf der Hand: Je höher die Verdaulichkeit der Nahrung ist, desto geringer sind die Energieverluste für den Hund.

- Ohne Energie gibt es kein Leben.
- Die Energie ist in der Nahrung.
- Je höher die Nahrung verdaulich ist, desto besser wird sie verwertet.

Eiweiße sind Baustoff, Energieträger und Wirkstoff zugleich

Jeder Hund benötigt über fünfzig verschiedene Nährstoffe, und zwar Tag für Tag, ein Leben lang. Man kann diese der besseren Übersichtlichkeit halber in Hauptnährstoffgruppen zusammenfassen. Eine wesentliche dieser Gruppen wird von den Eiweißen oder Proteinen gebildet. Sie stellen wichtige Körperbausteine dar. Nur eine einzige Körpersubstanz überhaupt enthält keine Eiweiße als Baustein, und das ist der Zahnschmelz. Alle anderen Gewebe, ob nun Muskel, Nerven, Haut oder innere Organe, bestehen in irgendeiner Form aus Eiweißen. Sogar der Knochen enthält nicht nur Mineralstoffe, sondern eben auch Gerüstproteine. Darüber hinaus werden wichtige Wirkstoffe wie Enzyme und Hormone durch Eiweiße aufgebaut. Außerdem sind Eiweiße eine Energiequelle für Hunde.

Die Energieausbeute beim Abbau der Eiweiße ist jedoch nicht besonders hoch. In dieser Hinsicht ist die Nutzung von Fetten effizienter. Fette sind die für den Hund günstigste Energiequelle. Die Ausbeute bei ihrem biochemischen Abbau ist um etwa ein Drittel höher als bei Eiweißen. Fette sind jedoch nicht nur Energielieferanten. Sie stellen auch wichtige Bausteine für Zellmembranen dar und sind unverzichtbarer Bestandteil von bestimmten Hormonen und Vitaminen.

Kohlenhydrate kommen in der Natur in großen Mengen in Pflanzen vor. Das Verdauungssystem des Hundes kann diese nur in erhitzter Form spalten. Dann stellen einige Kohlenhydrate jedoch gute Energielieferanten dar. Weiterhin dienen Kohlenhydrate als Ballaststoffe. In dieser Funktion regen sie die Darmbewegung an und sind so für die Passage der Nahrung durch den Darm unerläßlich.

Eine bestens gepflegte Hündin mit lackschwarzen Haaren und weißem Brustfleck

Ebenso wichtige, jedoch grundsätzlich andere Aufgaben erfüllen die Mineralstoffe. Die bekanntesten unter ihnen, Kalzium und Phosphor, bilden die Hauptbestandteile der Knochen. Sie fungieren also als Baustoff. Andere Mineralstoffe werden im Stoffwechsel von Substanzen benötigt, welche Steuer- und Regelungsmechanismen bedienen. So gibt es eine Reihe von Enzymen und Hormonen, die ohne die Anwesenheit bestimmter Mineralstoffe wirkungslos blieben. Weiterhin laufen so wichtige Vorgänge wie Blutgerinnung, Muskelkontraktionen oder die Erregungsleitung in Nerven nur ab, wenn die dazugehörigen Mineralstoffe dem Körper über die Nahrung zugeführt werden. Die Gruppe der Mineralstoffe kann man noch einmal unterteilen in Mengenelemente (von diesen wird ein bedeutendes Quantum täglich benötigt) und Spurenelemente (hiervon reichen oft schon ganz geringe Mengen im Mikrogrammbereich aus).

Schließlich müssen noch die Vitamine in der Nahrung sein, von denen es fettlösliche und wasserlösliche gibt. Vitamine haben lebenswichtige Steuerfunktionen, dienen dem Sehvermögen, der Krankheitsabwehr oder dem Energiestoffwechsel.

- Eiweiße sind Baustoff, Energieträger und Wirkstoff zugleich.
- Fette sind die günstigste Energiequelle.
- Mineralstoffe bauen das Skelett auf und steuern lebenswichtige Vorgänge im Stoffwechsel.
- Vitamine regeln unverzichtbare Lebensprozesse.

Wachsende Hunde benötigen spezielle Nahrung

Die moderne Tiermedizin hat die Besonderheiten des Hundestoffwechsels genau untersucht. So besteht heute die Möglichkeit, nicht allein den Energiebedarf eines heranwachsenden Hundes genau anzugeben, sondern auch seinen Bedarf an Kohlenhydraten, Eiweißen und Fetten sowie Mineralstoffen und Vitaminen. Dies ist entscheidend, wenn man das Ziel hat, durch eine artgerechte Bilanzierung von Nahrungsbestandteilen eine gesunde Hundeentwicklung zu fördern.

Ein gutes Beispiel dafür ist der Bewegungsapparat. Mit Hilfe von Messungen der Wachstumsgeschwindigkeit der Knochen, Röntgenaufnahmen des Bewegungsapparates, Bestimmungen der Knochendichte, Vergleich von vielen hundert gesund aufgewachsenen Hunden und weiteren Untersuchungsverfahren ist der Bedarf an Kalzium und Phosphor genau festgestellt worden.

Aufgrund dieser Zahlen sind wissenschaftlich exakte Empfehlungen für die Versorgung mit diesen Mengenelementen möglich – und zwar jeden Monat im Leben eines wachsenden Hundes. Wegen des hohen Bedarfs der Welpen an knochenaufbauenden Mineralstoffen liegt der Kalzium- und Phosphorbedarf in den ersten beiden Lebensmonaten rund viermal höher als beim erwachsenen Hund. Mit zunehmender Mineralisierung der Knochen nimmt er im Laufe des Wachstums stetig ab.

Um ein gleichmäßiges Knochenwachstum und eine gesunde Skelettentwicklung zu erreichen, kann die Versorgung mit Kalzium und Phosphor eigentlich nur durch eine ausgewogene, altersangepaßte Vollnahrung problemlos gewährleistet werden.

Eine Selbstherstellung von Hundenahrung ist wegen der möglichen Unter- oder Überversorgung mit lebenswichtigen Nährstoffen insbesondere bei Welpen sehr kritisch. So ist in „Eigenmischungen“ das Kalzium-Phosphor-Verhältnis meist nicht korrekt ausbilanziert.

Die Wachstumsrate junger Hunde und die Unterschiede zwischen einzelnen Hunden werden übrigens nicht allein durch Erbanlagen bestimmt. Auch äußere Faktoren wie Ernährung, Klima oder Krankheiten sind wichtig. Eine optimale Gestaltung der äußeren Einflußfaktoren kann das Wachstum im positiven Sinne beeinflussen – also eine artgerechte, angemessene Ernährung, gute Haltungsbedingungen und eine vernünftige Krankheitsverhütung, zum Beispiel durch Impfungen. Da es bei jedem Hund Unterschiede der äußeren Bedingungen gibt, variiert die Gewichtsentwicklung von Individuum zu Individuum ein wenig. Das bedeutet, daß es immer Abweichungen des altersentsprechenden Körpergewichtes von den wissenschaftlich ermittelten Durchschnittswerten gibt. Diese Unterschiede sind aber nicht nur von wissenschaftlichem Wert. In der Praxis ergeben sich aus den natürlichen Differenzen bei der Wachstumsgeschwindigkeit Unterschiede beim Bedarf der wachsenden Hunde an Energie, Eiweißen und insbesondere auch Mineralstoffen. Dies muß bei der Ernährung von Welpen und Junghunden bedacht und einkalkuliert werden.

Das Verdauungssystem und der Stoffwechsel von Welpen weisen eine Reihe von Besonderheiten auf. Der Magen ist noch relativ klein, so daß nur eine begrenzte Menge Nahrung aufgenommen werden kann. Diese eingeschränkte Speicherfunktion des Magens macht eine häufige Nahrungsaufnahme notwendig.

Einige Körpergewebe beziehungsweise Organsysteme sind während der ersten Lebensmonate ganz besonders auf eine richtig zusammengesetzte Nahrung angewiesen, um sich so entwickeln zu können, wie es die Natur vorgesehen hat. Hierzu gehören Bewegungsapparat, Abwehrsystem, Fortpflanzungssystem, Haut und Fell sowie Lunge und Atemwege.

Anders als das Herz-Kreislauf-System des jungen Hundes, das sich schon im Mutterleib fast vollständig entwickelt hat, reift beispielsweise der Bewegungsapparat erst später aus. So sind nach der Geburt zwar sämtliche Knochen beim Welpen angelegt und vorhanden, bestehen aber überwiegend noch aus Knorpel, also einem Gewebetyp, der zwar sehr elastisch ist, jedoch nur eine geringe Festigkeit hat. Dieses bindegewebige Gerüst wandelt der Organismus nach und nach zum tragfähigen Knochen um, indem er Mineralstoffe – vor allem Kalzium und Phosphor – einlagert. So entwickelt der Junghund im Laufe vieler Monate die biologisch notwendige Festigkeit seiner Knochen. So lange bleibt den noch nicht voll mineralisierten Knochen die Möglichkeit, weiter zu wachsen. Erst gegen Ende der Wachstumsperiode des Hundes verschließen sich die Wachstumsfugen der Knochen, die bis dahin ein Längenwachstum ermöglicht haben. Im gesamten Zeitraum der Knochenbildung muß also die Zusammensetzung der Nahrung optimal auf die Bedürfnisse des Knochenwachstums eingestellt sein.

Junge Hunde haben keinen Schutzmechanismus vor überhöhter Kalziumzufuhr mit der Nahrung wie erwachsene Tiere. Unter dem Einfluß von Hormonen wird ein eventueller Kalziumüberschuß überwiegend in den Knochen eingelagert, was im Endeffekt zu einer gesteigerten und gleichzeitig gestörten Verknöcherung führt.

Die daraus resultierenden Skelettdeformierungen und Bewegungseinschränkungen sind im späteren Lebensalter nicht wiedergutzumachen.

Die Empfehlung, Junghunden eine Kalziumergänzung – selbst bei Verwendung einer vollständigen und richtig bilanzierten Vollnahrung – zukommen zu lassen, ist wissenschaftlich nicht haltbar. Wegen der möglichen Gefahren ist die Gabe von kalziumreichen Nahrungsadditiven deswegen zu vermeiden.

- Wachsende Hunde haben einen höheren Energiebedarf.
- Das heranwachsende Skelett braucht mehr als doppelt so viele Mineralstoffe.
- Spezielle Welpennahrung deckt alle Bedürfnisse ab.

Fertignahrung ist hochwertig, sicher und bequem

Wie wir gesehen haben, benötigen Hunde sehr viele verschiedene Nährstoffe. Diese müssen nicht nur in der optimalen Menge, sondern auch im richtigen Verhältnis zueinander in der Nahrung sein. Hinzu kommen besondere Lebenssituationen wie Wachstum, Phasen hoher körperlicher Belastung, Trächtigkeit oder Alter. Jede dieser Situationen bringt veränderte Nährstoffansprüche mit sich. Verdaulichkeit und Schmackhaftigkeit des Futters sollen auch gewährleistet sein, damit der Hund den Napf leert. Wollten wir unserem Hund selbst die tägliche Nahrung bereiten, hätten wir das alles zu beachten. Wir müßten den Gehalt der Ausgangsmaterialien an Eiweißen, Fetten, Mineralstoffen und Vitaminen genau kennen. Wer jedoch mißt die Menge essentieller Aminosäuren oder den Vitamingehalt eines Stückes Fleisch? Wieviel Kalzium ist denn nun in der Messerspitze Futterkalk enthalten? Und was ist mit der Zeit, die wir für die tägliche Futterration unseres vierbeinigen Freundes benötigen würden?

Am sichersten ist die Verwendung qualitativ hochwertiger Fertignahrung, wie sie von verantwortungsbewußten, erfolgreichen Züchtern empfohlen wird. Alle Nährstoffe sind in richtiger Menge und optimalem Verhältnis enthalten. Man kann genau portionieren, die Fütterung ist sauber, schnell und bequem.

Das deutsche Futtermittelrecht regelt die Zusammensetzung streng und genau. Es dürfen nur einwandfreie Rohmaterialien von gesunden Tieren und Pflanzen verwendet werden. Fertignahrung ist also der beste und sicherste Weg, unseren Hund richtig und gesund zu ernähren. Und schmecken wird es ihm ganz gewiß.

- Futterselbstzubereitung ist kompliziert, zeitraubend und erfordert Spezialkenntnisse.
- Fertignahrung ist sicher, hat hohe Qualität und erfüllt alle Nährstoffansprüche des Hundes.

Wichtige Tips zur Fütterung Ihres Hundes

1. Bei der Verwendung von Fertignahrungsmitteln, die als „Alleinfutter“ deklariert sind, erhält Ihr Hund alle lebensnotwendigen Nährstoffe in ausgewogener Zusammensetzung für ein langes, gesundes Hundeleben.
2. Ein Welpe braucht zu Beginn eines Lebens etwa doppelt so viele Nährstoffe und Energie wie ein ausgewachsener Hund, deshalb füttern Sie in der Wachstumsphase ein Fertigfutter, welches für wachsende Hunde bestimmt ist.

3. Verwenden Sie als Milchersatz für Saugwelpen nur spezielle Welpenmilchprodukte, Kuhmilch ist auf keinen Fall zu empfehlen, da sie nicht eiweiß- und fettreich genug ist und zu Durchfällen führen kann.
4. Achten Sie darauf, Futterumstellungen langsam und schrittweise über fünf Tage durchzuführen, so daß sich der Verdauungstrakt des Hundes an die neue Nahrung gewöhnen kann.
5. Füttern Sie stets zur gleichen Zeit und möglichst am gleichen Ort weder zu heiß noch zu kalt (nicht direkt aus dem Kühlschrank).
6. Bieten Sie ihrem Hund nur die Futtermenge an, die er auch auffrißt, keine Futterreste stehenlassen.
7. Frisches Wasser zum Trinken sollte Ihr Hund stets zur Verfügung haben.
8. Füttern Sie Fleisch bitte nur im abgekochten Zustand, bei der Fütterung von rohem Fleisch besteht Infektionsgefahr.
9. Bei der Verwendung eines hochwertigen Fertigfutters brauchen Sie keinerlei Zusatzstoffe oder Ergänzungsfuttermittel zusätzlich zu füttern.
10. Bei älteren Hunden ist die Futtermenge in 2–3 Mahlzeiten aufzuteilen. Die verwendeten Eiweiße müssen hochwertig und hochverdaulich sein.

Gesundheit

Vorbeugen ist besser als Heilen

Artgerechte Haltung, Pflege und Ernährung sind Voraussetzungen für die Gesundheit. Das seelische Wohlbefinden des Hundes ist so wichtig wie das körperliche. Der gesunde Hund nimmt aufmerksam und lebhaft Anteil an seiner Umgebung. Er ist kräftig und ausdauernd. In der Ruhe atmet er 10- bis 20mal, das Herz schlägt 70- bis 100mal in der Minute. Die Körpertemperatur liegt um 38,5 °C. Gesundheit ist nicht nur „Freisein von Krankheiten“, sie schließt auch Widerstandskraft gegen Infektionen ein.

Das **Haarkleid** schützt nicht nur gegen Wind und Wetter, es ist auch Zeichen von Gesundheit. Stumpfes Haar, ständiger Haarausfall und starker Geruch deuten auf innere Erkrankungen hin. Die Haut soll frei von Schuppen und Rötungen sein, kein Juckreiz soll den Hund plagen.

Flöhe, Läuse und Haarlinge kann auch der gepflegteste Hund von einer Hundebegegnung mitbringen. Bei Juckreiz wird als erstes die Haut auf Flohstiche – bis zu linsengroße, geschwollene Rötungen – und das Fell auf Parasitenkot – kleine schwarze Pünktchen – abgesucht. Lieblingssitze der ungebetenen Gäste sind die Innenflächen der Hinterbeine, die „Achselhöhlen“ und die Ohrmuscheln. Bei leichtem Befall genügt ein Flohpuder oder -spray. Wirksamer sind Waschlösungen, die das Fell bis auf die Haut benetzen, oder verschreibungspflichtige Mittel, die auf die Haut getropft werden und bis zu vier Wochen wirken.

Das Ablecken solcher Mittel muß aber unbedingt verhindert werden. „Anti-Floh-Halsbänder“ geben bis zu vier Monaten gas- oder puderförmige Wirkstoffe ab. In Hundehütten können bei einigen Halsbändern Giftgaskonzentrationen auftreten, die auch für den Hund bedenklich sind. Manche Halsbänder verlieren zudem durch Nässe an Wirksamkeit. Bei Flohbefall muß immer das Lager des Hundes mitbehandelt werden. Moderne Spezialmittel töten dabei nicht nur „erwachsene“ Flöhe, sondern stoppen auch die weitere Entwicklung der Flohlarven. Hundedecken werden am besten ausgekocht, Teppiche regelmäßig gesaugt und Stroh in der Hütte gewechselt.

Zecken lassen sich aus dem Gebüsch auf den Hund fallen, beißen sich in der Haut fest und saugen sich mit Blut voll. Je länger sie saugen, de-

Tibet Terrier mit unterschiedlicher Farbverteilung

sto größer ist in bestimmten verseuchten Gegenden die Gefahr, daß eine für Hunde gefährliche Infektionskrankheit, die Borreliose, übertragen wird. Deshalb sollten Zecken so rasch wie möglich entfernt werden. Sie dürfen aber nicht einfach ausgerissen werden, weil dabei die Beißwerkzeuge in der Haut steckenbleiben und Entzündungen verursachen können. Am besten erfaßt man die Zecke mit einer Spezialpinzette und hebelt sie drehend aus der Haut heraus. Auf keinen Fall darf eine Zecke mit Alkohol betäubt oder mit Öl erstickt werden. Im Todeskampf gibt sie ihren Speichel in die Blutbahn des Hundes ab und damit eventuell Erreger einer Infektion. Inzwischen gibt es, allerdings nur beim Tierarzt, ein Anti-Zecken- und -Flohhalsband, das den Befall mit Zecken weitgehend und das Blutsaugen sicher verhindert.

Die **Ohren** sollten alle vier Wochen gereinigt werden. Mit Wattestäbchen kann man das Trommelfell zwar kaum verletzen, das Ohrenschmalz aber in der Tiefe zusammenstopfen. Besser ist ein alkoholischer Ohrreiniger, der randvoll ins Ohr eingegossen und bei zugedrückter Ohrmuschel durchmassiert wird. Das gelöste Ohrenschmalz kann der Hund dann selbst ausschütteln, vorzugsweise im Freien.

Dunkle, übelriechende Beläge im Ohr zeigen eine Entzündung an. Meist wird sich der Hund dann auch am Ohr oder – scheinbar – am Halsband kratzen und den Kopf schütteln. Ursache des „Ohrenzwanges" können Ohrenmilben, Grasgrannen oder andere Fremdkörper sowie Bakterien und Pilze sein. Wenn zwei- bis dreimalige gründliche Reinigung mit dem Ohrreiniger keine Besserung bringt, ist eine gezielte Behandlung erforderlich.

Die **Augen** werden mit einem Stückchen Mullbinde oder einem Taschentuch vom „Schlaf" gereinigt. Fusseln von Watte oder Papiertaschentüchern reizen die Schleimhäute. Bindehautentzündungen können auch durch Zugluft, Staub oder starke Sonne verursacht werden. Zur Linderung werden Augentropfen in den heruntergezogenen Bindehautsack geträufelt. Borwasser wird heute nicht mehr verwendet, weil feine Kristalle als Fremdkörper wirken können. Länger andauernder wäßriger, schleimiger oder eitriger Augenausfluß sollte nicht mit Hausmitteln kuriert werden. Es könnte eine Infektion vorliegen. Wucherungen auf der Rückseite der Nickhaut müssen meist operativ behandelt werden.

Die **Zähne** werden durch Hundekuchen oder Knochen ausreichend gereinigt. Auch die Tortur des Zähneputzens kann Zahnstein kaum verhindern. Zur Entfernung weicher Beläge eignet sich am ehesten ein Wattebausch, getränkt mit dreiprozentiger Wasserstoffsuperoxydlösung. Zahnstein ist ein fest anhaftender brauner Belag aus verhärteten Salzen. Fauliger Mundgeruch durch Zahnfleischentzündungen und -vereiterungen sowie Zahnausfall sind die Folgen. Zahnstein sollte frühzeitig fachkundig entfernt werden.

Lose Zähne müssen gezogen werden. Da der Hund keine Beute jagen, festhalten oder zerreißen muß, kann er auf schmerzende Zähne gut verzichten. Nach Entfernung der Eiterherde wird er sich auch allgemein wohler fühlen, denn sie können den Körper vergiften und zum Beispiel chronische Herzklappenentzündungen auslösen.

Die **Analbeutel** sollen eigentlich bei jedem Kotabsatz eine individuelle Duftmarke zur Revierkennzeichnung hinterlassen. Infolge der Domestikation funktioniert die Entleerung häufig nicht richtig. Sekretstauungen sind die Folge; den Juckreiz versucht der Hund vergeblich durch Rutschen auf dem After zu beseitigen. Dieses „Schlittenfahren" ist entgegen landläufiger Vermutung fast nie auf Wurmbefall zurückzuführen. Stark gefüllte Analbeutel müssen fachkundig ausgedrückt, vereiterte müssen tierärztlich behandelt werden.

Die **Krallen** werden nur bei regelmäßigem Auslauf auf hartem Untergrund ausreichend abgelaufen. Nur bei krankhaftem Hornwachstum oder Stellungsfehlern müssen sie geschnitten werden. Dabei soll die in der Kralle verlaufende Ader nicht verletzt werden. „Wolfskrallen“, Überbleibsel der an sich verkümmerten fünften Zehe an Vorder- und Hinterläufen, können bei Verletzungen stark bluten. Sie sollten vorsorglich amputiert werden. Das geschieht üblicherweise schon bei neugeborenen Welpen.

Erste Hilfe tut not

Hautverletzungen müssen genau inspiziert werden. Oberflächliche Abschürfungen und Schrunden können mit Hausmitteln behandelt werden. Auf jeden Fall werden im Bereich der Verletzungen die Haare mit einer gebogenen Schere kurz abgeschnitten. Sie verkleben sonst mit dem Wundsekret; Vereiterung ist die Folge. Die Wunde wird mit Wundgel, -spray oder -tinktur behandelt. Fetthaltige Salben behindern den heilungsfördernden Luftzutritt, Puder verkrustet.

Bei tieferen Wunden mit Durchtrennung der Haut sollte umgehend ein Tierarzt hinzugezogen werden. Bei Beißereien und Stacheldrahtverletzungen wird die Haut oft vom Körper losgerissen, so daß tiefe Taschen zu versorgen sind. Von Fall zu Fall ist zu prüfen, ob eine „offene Wundbehandlung“ oder eine Naht besser ist. Nur frische Wunden können mit Aussicht auf komplikationslose Heilung genäht werden. Eine offene, aus der Tiefe nässende oder eiternde Wunde darf der Hund belecken. In allen anderen Fällen wird die Wundheilung behindert, weil die zarten Heilungszellen am Wundrand gestört werden. Das Belecken von Wunden und das Abreißen von Verbänden können durch einen Halskragen verhindert werden, den es fix und fertig vom Tierarzt gibt.

Wundstarrkrampf ist beim Hund selten. Impfungen sind daher nicht üblich. Zur Vorbeugung sollen Wunden ausbluten und nicht luftdicht abgedeckt werden. Wenn größere Adern verletzt sind, kommt es zu andauernden, starken Blutungen. Häufig tritt Blut im Strahl aus. Dann muß zur Ersten Hilfe ein Druckverband angelegt werden. An ungünstigen Körperstellen wie am Kopf kann auch von Hand eine Kompresse aufgedrückt werden. Gliedmaßen können abgebunden werden, die Abbindung muß aber viertelstündlich kurz gelöst werden. In solchen Fällen ist stets umgehend tierärztliche Hilfe erforderlich.

Unfälle können auch zu inneren Verletzungen und Gehirnerschütterungen führen. Bei Bewußtseinstrübungen soll nie Flüssigkeit eingeflößt werden. Die Maulschleimhaut kann aber mit Kaffee, Tee oder auch einfach mit Wasser befeuchtet werden. Der Hund wird vorsichtig getragen oder seitlich mit tiefliegendem Kopf und herausgezogener Zunge auf einer Decke gelagert, die, von zwei Personen an den Ecken strammgezogen, auch als „Tragbahre“ dient. Am Unfallort sind meistens die

Diagnose und vor allem eine wirksame Schockbehandlung erschwert. Telefonisch sollte zur Vermeidung unnötiger Wege und Wartezeiten ein dienstbereiter Tierarzt verständigt und umgehend aufgesucht werden.

Lahmheiten können viele Ursachen haben. Als erstes wird die Pfote untersucht. Dornen oder Splitter werden ausgezogen. Verfilzte Haare drükken zwischen den Ballen wie ein Stein im Schuh; sie werden daher vorsichtig ausgeschnitten. Wunde Stellen werden wie Hautverletzungen behandelt. Im Winter müssen Streusalzreste von den Pfoten abgewaschen werden.

Bei Krallenbettentzündungen können warme Kamillen- oder Seifenbäder Linderung bringen. Lose Krallenteile werden an der Bruchstelle beherzt abgeschnitten. In vielen Fällen ist ein Verband erforderlich. Er muß fachkundig angelegt werden, um Druckstellen zu vermeiden. Bei Schwellungen, Prellungen und Verstauchungen kann das Fell des betroffenen Körperteils mehrmals täglich mit kaltem Wasser durchnäßt werden. Das wirkt wie ein Kühlverband, lindert den Schmerz und hemmt – frühzeitig angewendet – weitere Schwellungen. Wenn ein Bein überhaupt nicht belastet wird, besteht Verdacht auf Knochenbruch. Bei stark abnormer Beweglichkeit können die Gliedmaßen durch eine Notschiene ruhiggestellt werden. Andauernde, wiederkehrende oder sich verschlimmernde Bewegungsstörungen sind stets ein Fall für den Tierarzt. Das Humpeln auf einem Hinterbein wird nicht selten durch eine Ausrenkung der Kniescheibe oder durch Riß von Bändern bedingt, die operativ fixiert werden müssen.

Vergiftungen sind meist „Unglücksfälle“ und nur selten böse Absicht. Rattengift kann bei unsachgemäßem Auslegen direkt, aber auch mit vergifteten Nagetieren aufgenommen werden. Meist handelt es sich um Cumarinpräparate, die zu inneren Blutungen führen. Vorsicht ist auch bei Schädlings- und Unkrautbekämpfungs- sowie bei Frostschutzmitteln geboten. Hochgiftige Thallium-, Zinkphosphid- und Arsenzubereitungen, Blausäure und Strychnin sind heute gottlob kaum noch erhältlich.

Die besten Überlebenschancen bestehen, wenn man „nach frischer Tat“ das Gift wieder aus dem Magen herausbefördern kann. Der Tierarzt kann Erbrechen durch eine Spritze auslösen, der Laie durch Eingeben von zwei bis drei Teelöffeln Salz. Nach dem Erbrechen kann eine Aufschwemmung von etwa zehn Kohlekompretten eingeflößt werden. Milch wird nicht gegeben, weil verschiedene Gifte fettlöslich sind.

Etwa vorhandene Hinweise auf die Art des Giftes ermöglichen eine rechtzeitige, gezielte tierärztliche Behandlung. Ungewisser sind die Aussichten, wenn Vergiftungsfolgen wie Krämpfe, Mattigkeit oder Brechdurchfall schon eingetreten sind, die Ursache aber nur vermutet werden kann. Eine genaue Diagnose ist oft erst durch Spätschäden wie Blutungen oder Haarausfall möglich. Dann kann es für eine Rettung bereits zu spät sein.

Durchfall ohne Fieber bessert sich häufig nach einem Fastentag: Der Hund erhält ausschließlich stark verdünnten Tee mit einer Prise Salz, aber ohne Zucker. Zur Geschmacksverbesserung ist Süßstoff erlaubt. Zusätzlich ist es nie verkehrt, eine Aufschwemmung von Kohlekompretten einzugeben. Keinesfalls darf Durchfall mit Wasserentzug „behandelt" werden; der Körper würde zu stark austrocknen.

Am zweiten Tag erhält der Hund in kleinen Portionen ein Diätfutter, zum Beispiel Beefsteakhack, Schmelzflocken und rohen geriebenen Apfel. Am dritten Tag muß der Kot zumindest wieder dickbreiig sein.

Verstopfungen lassen sich oft durch rohe Leber oder Milz oder einige Teelöffel süßer Dosenmilch beheben. Bei krampfhaft vergeblichem Drängen kann ein Mikroklistier Erfolg bringen. Bei einer Verhärtung von Knochenteilen im Enddarm hilft allerdings meist nur ein fachgerechter Einlauf.

Erbrechen ist keine selbständige Krankheit. Einmaliges Erbrechen kann durch zu hastiges Fressen, zu kaltes Futter oder Aufnahme von Fremdkörpern ausgelöst werden. Gelegentliches Erbrechen ist beim Hund ohne große Bedeutung. Um zu erbrechen, frißt der Hund häufig Gras. Geschieht das regelmäßig oder wird ständig das Futter erbrochen, muß ein Tierarzt hinzugezogen werden. Auch Durchfall und Erbrechen mit Fieber sind kein Fall für Hausmittel.

Scheinträchtigkeit tritt bei manchen Hündinnen etwa acht Wochen nach der Läufigkeit auf. Sie sind unruhig, „bemuttern" irgendwelche Gegenstände, fressen schlecht und erbrechen gelegentlich. Das Gesäuge schwillt, Milch bildet sich. Abhilfe schafft häufig wenig Fressen und Trinken bei viel Bewegung und Beschäftigung. Das Gesäuge kann mehrmals täglich mit kaltem Wasser befeuchtet werden, um Schwellung und Milchproduktion zu hemmen. Keineswegs soll die Milch ausgedrückt werden. Damit würde nur die weitere Milchbildung angeregt. Bei sehr starker Gesäugeschwellung und trotz Hausmitteln nicht nachlassenden Erscheinungen muß der Tierarzt verständigt werden.

Insektenstiche, vor allem durch das Schnappen nach Wespen und Bienen verursacht, können schnell zu erheblichen Schwellungen am Kopf oder, noch schlimmer, im Rachen führen. Äußerliche Kühlung mit Eiswürfeln und eine Tablette gegen Allergie ersparen oft nicht die möglichst rasche tierärztliche Behandlung.

Alarmzeichen

Fieber ist eine Abwehrreaktion des Körpers, meist auf Infektionen. Die

Hundenase kann auch beim kranken Hund feucht und kühl sein. Die Temperatur muß mit einem Fieberthermometer (je nach Modell bis zu fünf Minuten) im Mastdarm gemessen werden. Sie darf nicht über 39 °C liegen. Untertemperaturen unter 37,5 °C entstehen infolge einer Reduzierung der Stoffwechselvorgänge häufig vor dem Tod.

Husten, als ob ein Knochen im Hals säße, tritt bei Mandelentzündungen auf. Ernstere Infektionen wie Zwingerhusten oder gar Staupe könnten auch vorliegen. Pumpende Atmung entsteht durch eine Lungenentzündung, aber auch durch Wasseransammlung in der Lunge, zum Beispiel infolge von Vergiftungen. Bei alten Hunden kann der damit verbundene Husten auch auf eine Herzschwäche zurückzuführen sein. Bauchpressen und Aufblasen der Backen sind Zeichen höchster Atemnot.

Schleimhäute im Auge und im Fang geben Hinweis auf innere Erkrankungen: Blässe deutet auf Blutarmut hin, Gelbfärbung auf Leberschäden mit Gelbsucht, Blutungen auf schwere Infektionen oder Vergiftungen, eine bläuliche Färbung tritt bei Herz- und Kreislaufschwäche auf.

Kot und Urin mit Blutbeimengungen lassen krankhafte Veränderungen erkennen. Bei Blutungen im Magen und in den vorderen Darmabschnitten kann der Stuhl durch das verdaute Blut pechschwarz aussehen. Nierenerkrankungen können auch mit erhöhtem Durst verbunden sein. Wenn Mattigkeit und Mundgeruch hinzukommen, ist meist bereits eine Harnvergiftung eingetreten. Harnsteine, Blasenriß oder Vergiftungen können dazu führen, daß überhaupt kein Urin mehr abgesetzt wird; dann besteht höchste Gefahr. Geschwülste, Prostatavergrößerungen und Mastdarmveränderungen erschweren den Kotabsatz. Verhärtete Knochenteile können den Enddarm völlig verstopfen. Erbrechen und zunehmende Mattigkeit bei fehlendem Kotabsatz sprechen für Darmverschluß oder einen Fremdkörper im Darm.

Speicheln wird im harmlosesten Fall durch Fremdkörper in der Maulhöhle oder durch lose Zähne verursacht, bedenklicher wäre eine E605-Vergiftung oder Pseudowut, schlimmstenfalls ist an Tollwut zu denken.

Umfangsvermehrungen des Bauches bei sonst normalem Ernährungszustand oder zunehmender Abmagerung können durch Tumoren oder Bauchhöhlenwasser hervorgerufen werden. Bei einer Gebärmuttervereiterung besteht gleichzeitig fast immer starker Durst, gelegentlich auch Scheidenausfluß. Eine plötzliche Aufblähung des Bauches mit Kolik und Kreislaufschwäche, bedingt durch eine Magendrehung, erfordert unverzügliche Operation. Eine Entzündung der Kaumuskeln mit Schwellung und Verhärtung sowie hervortretenden Augäpfeln muß sofort tierärztlich behandelt werden.

Infektionen bedrohen die Gesundheit

Staupe und ansteckende Leberentzündung (Hepatitis) sind Viruskrankheiten, die für Junghunde besonders gefährlich sind, aber auch ältere Hunde befallen. Staupe beginnt mit einem häufig kaum merkbaren, kurzen Fieber, dem nach etwa acht Tagen eine schwere Lungenentzündung mit eitrigem Augen- und Nasenausfluß oder ein Durchfall folgt. Eine besondere Verlaufsform ist mit einer Verhärtung der Ballen verbunden. Nach scheinbarer Besserung treten nervöse Erscheinungen bis hin zu Krämpfen auf, die meistens zum Tod führen.

Nach überstandener Staupe bleibt häufig ein nervöses Zucken der Kopfmuskeln, der „Staupetick", nach Erkrankungen im Junghundealter das „Staupegebiß" mit erheblichen Zahnschmelzdefekten zurück. Die ansteckende Leberentzündung verläuft ähnlich, mit hohem Fieber, Apathie und Appetitlosigkeit. Hornhauttrübungen können bleibende Folgeschäden sein.

Stuttgarter Hundeseuche (Leptospirose) wird durch Bakterien verursacht und von Hund zu Hund übertragen. Sie beginnt häufig mit einer Schwäche in den Hinterbeinen. Geschwüre im Maul, Magen und Darm sind mit aasartig-faulem Maulgeruch und blutigem Durchfall verbunden.

Tollwut tritt bei Hunden nur noch selten auf. Die Seuche wird vor allem durch Füchse übertragen. Hinweisschilder warnen in gefährdeten Gebieten vor Tollwut. Die Krankheit ist besonders tückisch: Die typischen Wuterscheinungen mit heiserem Gebell, Wasserscheue, Unruhe und unmotivierter Beißwut fehlen häufig. Die „stille Wut" ist im Anfangsstadium schwer zu erkennen. Ein erkranktes Tier stirbt immer.

Parvovirose ist eine Viruskrankheit, die sich bei Hunden aller Altersgruppen in schweren, durch Erbrechen und Durchfall gekennzeichneten Erkrankungen äußert. Bei Welpen kann plötzlicher Herztod auftreten.

Der Erreger ähnelt dem Katzenseuchevirus; eine wechselseitige Ansteckung zwischen Hund und Katze ist jedoch nicht möglich. Die Ansteckung erfolgt über Ausscheidungen von Hund zu Hund, aber auch durch Verschleppung angetrockneter Ausscheidungen, zum Beispiel an Kleidungsstücken.

Impfungen schützen vor diesen Infektionskrankheiten

Welpen in gefährdeten Zuchten oder ungeimpfte Hunde mit verdächtigen Krankheitserscheinungen können mit einem Serum behandelt werden, das fertige spezifische Abwehrstoffe enthält. Diese „passive Immunisierung" schützt aber nur für zwei bis drei Wochen. Der Käufer eines Hundes sollte den Impfpaß daraufhin genau prüfen.

Länger dauernden Schutz vermittelt nur die „aktive" Schutzimpfung. Dabei werden abgeschwächte oder abgetötete Infektionserreger eingeimpft. Der Körper reagiert darauf mit der Bildung eigener Abwehrstoffe. Bei den heute üblichen Kombinationsimpfstoffen kennzeichnen die Buchstaben S, H, L, T und P die Wirksamkeit gegen die in Frage kommenden Seuchen.

Welpen werden mit sechs bis acht Wochen das erste Mal geimpft und müssen dann mit etwa zwölf Wochen nach Impfplan nachgeimpft werden. Auch bei älteren, noch nicht geimpften Hunden empfiehlt sich eine zweimalige Grundimmunisierung, um einen umfassenden Impfschutz gegen alle Infektionskrankheiten aufzubauen.

Der einmal gebildete Impfschutz baut sich im Laufe der Zeit ab. Kommt der Hund mit betreffenden Seuchenerregern in Berührung, so wird die Antikörperbildung aufgefrischt. Ist der Impfschutz aber bereits zu stark abgesunken, kann der Hund erkranken.

Deshalb sind regelmäßige Auffrischungsimpfungen erforderlich, am besten jährlich mit einem Kombinationsimpfstoff. Denn die Tollwutimpfung wird ohnehin nur für ein Jahr anerkannt, die Leptospiroseimpfung wirkt nicht länger, und gegen die seit einiger Zeit wieder bedrohlich zunehmende Staupe gilt es, auf Nummer Sicher zu gehen.

Ein sicherer Impfschutz des Hundes ist auch für den Menschen wichtig. Erkrankte Hunde können Leptospiren übertragen, die beim Menschen das „Canicola-Fieber" oder die „Weilsche Krankheit" hervorrufen.

Hundetollwut ist wegen des engen Kontaktes für Menschen viel gefährlicher als Wildtollwut. Geimpfte Hunde übertragen keine Tollwut. Nach einem Kontakt mit verdächtigem Wild brauchen sie deshalb auch nicht getötet zu werden, wie dies für ungeimpfte Hunde gesetzlich vorgeschrieben ist.

Gegen andere Infektionen schützt Vorsicht

Toxoplasmose wird durch einzellige Schmarotzer hervorgerufen. Ihr Stammwirt ist die Katze. Bei anderen Tieren werden ansteckungsfähige Dauerformen gebildet. Hunde erkranken überwiegend durch infiziertes Schweinefleisch. Für die Ansteckung des Menschen wurden sie früher zu Unrecht verantwortlich gemacht.

Die **Aujeszkysche Krankheit** wird ebenfalls durch Schweinefleisch übertragen. Unstillbarer Juckreiz, Unruhe, Ängstlichkeit und Speichelfluß haben gewisse Ähnlichkeit mit Tollwut. Die Krankheit wird daher auch „Pseudowut" genannt. Schweinefleisch und in der Zusammensetzung unbekannte Fleischmischungen, zum Beispiel aus Supermärkten, müssen deshalb gut durchgekocht werden. Fertigfutter und Rindfleisch sind dagegen unbedenklich.

Zwingerhusten tritt vor allem in Tierheimen und Hundehandlungen auf. Unter begünstigenden Umständen lösen Viren und Bakterien gemeinsam Entzündungen von Luftröhre und Bronchien aus. Kennzeichnend ist ein kurzer, trockener Husten. Sekundärinfektionen können den Krankheitsverlauf verschlimmern. Während des Urlaubs sollte man seinen Hund nicht in unbekannte Heime oder Pensionen geben oder ihn vorsorglich auch gegen Zwingerhusten impfen lassen.

Wurmkuren gegen unerwünschte Kostgänger

Spulwürmer können bei Junghunden zu Verdauungs- und Entwicklungsstörungen, zu Vergiftungserscheinungen und sogar zum Tod führen. Fast alle Welpen werden im Mutterleib mit Spulwürmern infiziert. Die ersten Wurmkuren soll schon der Züchter durchführen. Junghunde werden vierteljährlich entwurmt. Ältere Hunde beherbergen nur noch einzelne Würmer. Sie richten zwar keinen großen Schaden an, sind aber eine ständige Infektionsquelle. Hündinnen sollten zumindest sechs Wochen nach jeder Läufigkeit, Rüden mindestens einmal jährlich entwurmt werden. Bei festgestelltem Wurmbefall ist eine sofortige Entwurmung mit einer Wiederholungsbehandlung nach zwei bis drei Wochen erforderlich. Rohe Möhren garantieren keine Wurmfreiheit. Wirksame und verträgliche Mittel sind verschreibungspflichtig. Sie wirken auch gegen andere Rundwurmarten, zum Beispiel gegen Hakenwürmer.

Spulwürmer sind auf ihre Wirtstierarten spezialisiert; wenn der Mensch Hundespulwurmeier aufnimmt, schlüpfen zwar Larven und beginnen ihre Wanderung im Körper, sie bleiben jedoch in Organen oder Muskeln stecken und können dort schmerzhafte Entzündungen verursachen. Besonders gefährdet sind „Krabbelkinder". Wurmkuren dienen daher auch dem Gesundheitsschutz der Familie.

Bandwürmer brauchen für ihre Entwicklung stets einen Zwischenwirt. Für den Hundebandwurm ist dies der Floh. Er nimmt die Wurmeier auf, aus denen sich eine Finne entwickelt. Der Hund „knackt" den Floh, die Finne wächst im Hundedarm zum fertigen Bandwurm aus. Mit dem Kot erscheinen nach geraumer Zeit einzelne kürbiskernförmige, anfangs noch bewegliche Bandwurmglieder oder ein längeres, deutlich gegliedertes Wurmende. Es gibt heute neben speziellen Spulwurm- und Bandwurmmitteln auch Präparate, die gegen beide Parasitenformen wirksam und dabei gut verträglich sind. Empfehlenswert ist eine systematische vierteljährliche Bandwurmbehandlung des Hundes. Zur Bandwurmkur gehört stets eine Flohbehandlung von Hund und Lager.

Besonders bei Jagdhunden kann auch der „gesägte Bandwurm“ auftreten, dessen Zwischenwirte Hasen und Kaninchen sind. Andere Bandwurmarten, die durch Fisch oder Wild, Rinder- oder Schafeingeweide übertragen werden, kommen seltener vor. Dazu zählt der „dreigliedrige Bandwurm“, der auch dem Menschen gefährlich werden kann. Der Hund sollte zur Vorbeuge keine rohen „Konfiskat“-Innereien erhalten und daran gehindert werden, Kadaver von Wildtieren anzufressen. Für Menschen besonders gefährlich ist der vor allem in einigen Gegenden Mittel- und Süddeutschlands verbreitete „Fuchsbandwurm“, der auch durch Hunde übertragen werden kann. Neben regelmäßigen Bandwurmkuren ist es die beste Vorbeuge, den Hund in Wald und Flur anzuleinen.

Gefahren für die menschliche Gesundheit?

Hygiene. Impfungen und Wurmkuren schränken Ansteckungsgefahren ein. Hygiene tut ein übriges: Selbstverständlich hat der Hund sein eigenes Lager und Futtergeschirr; beides ist peinlich sauber. Der Hund wird so erzogen, daß er das Gesicht nicht ableckt. Das Belecken der Hände ist Ausdruck seiner Zuneigung. Man darf sie dulden, denn man kann sich die Hände anschließend waschen. Vorsichtige können Lager, Hütte und andere hygienegefährdete Stellen und Gegenstände regelmäßig desinfizieren. Die Mittel sollen gegen Viren, Bakterien und Pilze wirken. Zur Schnelldesinfektion eignet sich besonders ein Spray, der auch Ektoparasiten abtötet.

Besonders angezeigt sind solche Maßnahmen, wenn der Hund eiternde Wunden, Ekzeme, Furunkel oder eine Vorhaut-, Zahnfleisch- oder Mandelentzündung hat. Diese Infektionen sind konsequent zu behandeln. Eitererreger können auch beim Menschen Komplikationen verursachen. Vorsicht ist stets bei schlecht heilenden oder sich ausbreitenden Ekzemen geboten: Räudemilben sind zwar auf Tierarten „spezialisiert“, können jedoch auch beim Menschen juckende Hautrötungen verursachen. Hautpilzinfektionen sind auf Menschen übertragbar.

Daher sollte man umgehend eine Spezialuntersuchung und Behandlung veranlassen. Pilzinfektionen entstehen nur, wenn sich die Erreger länger als 12 bis 24 Stunden auf der menschlichen Haut einnisten können. Gründliches Waschen bannt die Gefahr. Zusätzliche Sicherheit bietet ein Handdesinfektionsmittel, das nach Berührung verdächtiger Stellen oder Ausscheidungen in die Hände eingerieben wird. So wie der Hundebesitzer im eigenen Heim für hygienische Bedingungen sorgt, sollte er auch außerhalb des Hauses auf Sauberkeit achten.

Die **Kotbeseitigung** auf Rasenflächen, Wegen und Straßen sollte für den Hundehalter, besonders in der Stadt, inzwischen zu einer Selbstverständlichkeit geworden sein. Erleichtert wird dieses Bemühen durch praktische, im Heimtierbedarf erhältliche Beutel, mit denen der Kot leicht eingesammelt und entsorgt werden kann.

Allergien sind auch durch größte Sauberkeit nicht immer zu vermeiden. Einige Menschen reagieren bei Kontakt mit Tierhaaren und -hautteilen mit Ausschlägen oder Atembeschwerden. Katzen, Meerschweinchen und Vögel sind viel öfter als Hunde die Auslöser; viele andere pflanzliche und tierische Stoffe kommen hinzu.

Die Allergieursache kann von einem Hautarzt durch Spezialtests auf der Haut ermittelt werden. Auf Verdacht braucht also kein Hund abgeschafft zu werden. Und vor der Anschaffung eines Tibet Terriers brauchen auch gesundheitsbewußte Hundefreunde nicht zurückzuschrecken.

Eigentlich fehlt ein Kapitel über Naturheilkunde bei Hunden. Hier ist man jedoch auch in Fachkreisen so geteilter Meinung, daß ich es lieber lasse. Vielleicht genügt dem Leser der Hinweis, daß die Zahl der Veterinäre wächst, die die Anwendung alter Naturheilbehandlungen bevorzugen und damit manchmal überraschend schnelle und gute Erfolge erzielen.

Anhang

Anschriften, die Sie kennen sollten

Internationaler Club für Lhasa APSO und Tibet Terrier e. V. (ILT)
Geschäftsstelle
Gudrun Menges-Mohr
Otto-Brues-Str. 25, 41748 Viersen
Tel.: 02162/21007
e-mail: info@ilt-tibet.de

Internationaler Klub für Tibetische Hunderassen e. V. (KTR)
Geschäftsstelle
Ellen Thomsen
Lerchenweg 16, 65239 Hochheim
Tel.: 06145/971030
e-mail: info@tibethunde-ktr.de

Spezialclub für Tibet Terrier und Lhasa Apso e. V. (CTA)
Geschäftsstelle
Martha Laudenberg
Kettenberg 11, 51515 Kürten
Tel.: 02268/7153

Verband für das Deutsche Hundewesen e. V. (VDH)
Westfalendamm 174
44141 Dortmund
Tel.: 0231/565000
Fax: 0231/592440

Weiterführende Literatur aus dem Parey Buchverlag

ASKEW, H. R., 1997: Behandlung von Verhaltensproblemen bei Hund und Katze – Ein Leitfaden für die tierärztliche Praxis.

BEYERSDORF, P., 1997: Dein Hund auf Ausstellungen. 3. Auflage.

BRUNNBERG, L., 1999: Lahmheitsdiagnostik beim Hund. Untersuchung – Diagnose – Therapiehinweise.

GASKELL, R., BENNET, M., 1999: Infektionskrankheiten bei Hund und Katze.

KOBER, U., PEPER, W., 1995: Pareys Hundebuch. 2. Auflage.

KRAFT, W. (Hrsg.), 1998: Geriatrie bei Hund und Katze.

KRINGS, M., PEPER. E., 1996: Der kindersichere Hund – Freund, Besitzer, Spielgefährte.

LINNMANN, S. M., 1998: Die Hüftgelenksdysplasie des Hundes.

MEYER, G., MEYER, H., 1998: 25 Hundeporträts.

MEYER, H., ZENTEK, J., 1998: Ernährung des Hundes – Grundlagen, Fütterungspraxis, Diätetik. 3. Auflage.

PATERSON, S., 2000: Hauterkrankungen des Hundes.

SCHOKE, TH. A., 1998: Erziehung und Ausbildung des Hundes.

SCHOKE, TH. A., 1998: Hundeausbildung – modern, artgerecht, erfolgreich.

WEIDT, H., 1996: Der Hund, mit dem wir leben: Verhalten und Wesen. 3. Auflage.

Bildnachweis

Titelbild
Müller, R. u. F., Mönchengladbach
(Foto: Roberto)

Frontispiz
Nickel, E. u. F., 59556 Lippstadt

Seiten 23, 24, 61
Axel, Ch., Schweden

Seite 106
Bacher, E., 52428 Jülich

Seite 73
Berlin, G., 12621 Berlin

Seite 113
Feil, Dr. E., 73432 Aalen

Seiten 29, 83
Groth, R. u. H., 52511 Geilenkirchen
(Foto: Roberto)

Seite 42
Martinoli, E. u. M., Schweiz

Seiten 18, 49
Menges-Mohr, G., 41748 Viersen

Seite 58
Michalek, E., 45665 Recklinghausen

Seiten 91, 96
Müller, R. u. F., Mönchengladbach

Seiten 12, 22, 26, 35
Nouč, H. u. W., 52159 Roetgen

Seiten 27, 28
Plathan, P. u. T., Finnland

Seiten 17, 64
Sommerfeld, D., 73433 Aalen-Hofen

Seiten 37, 41, 53, 65, 67, 72
Stasche, B., 13053 Berlin

Seite 47
Thoma, S., 53902 Bad Münstereifel

Seite 48
Vincke, M., 53879 Euskirchen

Seite 103
Wagner, Cl., 50374 Erftstadt

Seiten 66, 70, 94
Zimmermann, R., 53902 Bad Münstereifel